par Le Trosne

MÉMOIRE

SUR

LES VAGABONDS

ET SUR

LES MENDIANTS.

A SOISSONS,

Et se trouve

A PARIS,

Chez P. G. SIMON, Imprimeur du Parlement
rue de la Harpe, à l'Hercule.

M. D. CC. LXIV.

AVEC APPROBATION.

MÉMOIRE

SUR

LES VAGABONDS

ET SUR

LES MENDIANTS (1).

L'AGRICULTURE ne demande qu'à être délivrée des obstacles qui l'empêchent de s'étendre, elle ne sollicite que la liberté pour la vente des productions, & la sûreté pour les Cultivateurs. L'industrie, qui n'est qu'endormie, est prête à se ranimer, & trouvera toujours dans la terre, qui n'a rien perdu de sa fécondité, la récompense de son travail. C'est un ressort comprimé par un poids qui l'empêche de déployer toute sa force, mais il n'a rien perdu de son activité, il la reprendra dès qu'il sera en liberté.

Les Vagabonds & les Mendiants sont pour

---

(1) Ce Mémoire a été envoyé, au mois de Mars 1763, à M. le Contrôleur Général par une Société d'Agriculture, & a paru mériter l'attention du Conseil.

A

la campagne le fléau le plus terrible, ils attaquent directement la sûreté de ses Habitans,
& rendent vraiment à plaindre un état si déja pé-
nible par lui-même : leur nombre & leurs excès
sont portés à un point qui mérite toute l'attention du Gouvernement, & exige de sa part
les mesures les plus promptes & les plus efficaces.

Pour mettre de l'ordre dans une matiere si
étendue, nous exposerons d'abord les maux
infinis & de tout genre que causent les Vagabonds.

En second lieu nous verrons les remedes
que le Gouvernement a opposés à ce désordre
en différens tems, & nous en montrerons l'insuffisance.

En troisiéme lieu, nous établirons l'unique
moyen de supprimer les Vagabonds.

En quatriéme lieu, nous proposerons un
projet pour soumettre la mendicité à une police exacte.

PREMIERE PARTIE.

Dans laquelle on expose les maux infinis
& de tout genre que causent les
Vagabonds (1).

Exposition sommaire des maux que causent les Vagabonds à l'Etat en général. Notre objet n'est pas d'insister sur les maux
que causent les Vagabonds à l'Etat en général ;
il nous suffit de les indiquer. Perte d'un grand
nombre de Sujets, qui non-seulement lui deviennent inutiles mais à charge : renchérisse-
ment de la main-d'œuvre pour les Campagnes

comme pour les Villes, par la fouftraction de tant de travailleurs : augmentation pour le Peuple des tailles, corvées & autres impofitions folidaires ; le taux de ceux qui quittent leur état pour errer, retombe néceffairement fur ceux qui reftent, & devient une furcharge : perte de la population de tous ces Sujets ; ils ne font pas mariés pour la plûpart ; ils traînent quelques femmes après eux avec lefquelles ils vivent dans la plus grande débauche ; les enfans qui naiffent de ces conjonctions illicites, font expofés & abandonnés, ou périffent faute de fecours. Il n'appartient qu'à l'amour paternel de prendre les foins longs & pénibles qu'entraîne l'éducation ; & l'amour paternel trouvet'il place dans des cœurs fi corrompus ? Ceux qui par hazard furvivent à une enfance fi malheureufe, font élevés dans le dégoût du travail, & fuivent le genre de vie de leurs père & mère.

On pourroit efpérer de voir diminuer la quantité des Vagabonds, fi leurs troupes ne fe recrutoient que de leurs enfans. Mais cet état eft trop commode pour ne pas trouver beaucoup de gens qui l'embraffent, & qui regardent comme le plus grand bonheur d'être difpenfés du travail, d'être exempts de toute impofition, de toute charge, de toute fubordination, & libres de toute inquiétude pour le lendemain. Si cet état nous paroît horrible, l'oifiveté & le libertinage qui l'accompagnent en adouciffent les rigueurs, l'habitude les fait même difparoître, & les chaînes qu'elle fçait former ne permettent plus de le quitter.

La Société feroit heureufe, fi le préjudice Ils font pou

la Campagne le fléau le plus terrible. que lui cause les Vagabonds se réduisoit à la priver du travail & de la population légitime d'un si grand nombre de Sujets, mais il faut nécessairement que ceux qui n'ont que le travail pour subsister & qui s'y refusent, soient nourris aux dépens de ceux qui travaillent. Sous ce point de vue, les Vagabonds sont pour la campagne le fléau le plus terrible.

Ils y levent de véritables contributions Ce sont des insectes voraces qui l'infectent & qui la désolent, & qui dévorent journellement la subsistance des Cultivateurs. Ce sont, pour parler sans figure, des troupes ennemies répandues sur la surface du territoire, qui y vivent à discrétion, comme dans un pays conquis, & qui y levent de véritables contributions sous le titre d'aumône. Ces contributions égalent ou surpassent la taille dans les pays les plus pauvres, elles vont au tiers où à la moitié dans ceux où les impositions sont plus fortes, en raison des facultés des Habitans.

Il ne peut y avoir là-dessus de précision; cette dépense varie suivant que le pain est cher, que les Fermes sont plus ou moins à portée des chemins, ou qu'elles sont plus ou moins connues des Mendiants, car ils ont entr'eux une tradition géographique des endroits où ils ont coutume de coucher. Il y a aussi des tems où il en paroît moins que dans d'autres. Nous connoissons une Province où ils abondent tellement, qu'ils semblent s'y réunir de concert. On y voit dans chaque Ferme jusqu'à quinze, vingt ou trente Mendiants tous les jours suivant les cantons; c'est-à-dire, qu'il faut distribuer quinze ou vingt-cinq livres de pain, sans compter ce qu'ils exigent de surplus.

Quoiqu'une partie de cette Province soit très-pauvre, elle en est inondée. Ils s'y rassemblent volontiers pendant l'hyver, parce que le bois y est très-commun.

Rendons à cet égard au Laboureur la justice qu'il mérite. Il est naturellement bon & généreux, sur-tout dans les cantons où il reste un peu d'aisance. Il donne volontiers aux Pauvres du Pays qu'il connoît & qu'il sçait avoir besoin de secours ; mais qui pourroit sans douleur se voir arracher sa subsistance par des étrangers & des inconnus, par des gens qui ne demandent du pain que parce qu'ils ne veulent pas travailler ; combien même ne seroit pas mal entendue la libéralité d'un homme qui se plairoit à favoriser l'oisiveté par des distributions aussi déplacées.

Que les Habitans des Villes ne s'imaginent donc pas que le Laboureur soit comme eux le maître de donner ou de refuser quand il lui plaît : on ne lui demande pas, on exige ; on ne reçoit pas à titre d'aumône, mais comme une dette : il ne donne pas, il paye une vraie contribution, & il faut qu'il le fasse sans se plaindre, sans murmurer, sans y mêler le moindre reproche, sans refuser une partie de ce qu'on lui demande. Ordinairement la distribution se fait en pain, la quantité qu'un Mendiant en ramasse en un jour, est souvent si considérable, qu'il en vend une partie dans les Cabarets ; & qu'a-t-il besoin d'en amasser, il est sûr d'en retrouver le lendemain ? Aussi ces Mendiants refusent souvent du pain, on en voit exiger du bled dont ils trouvent aisément à se défaire,

Si les aumônes sont volontaires dans les Villes, elles sont forcées dans les Campagnes.

A iij

ou tout simplement de l'argent ; ils demandent aussi de la viande ou du vin suivant les Cantons. Souvent ils ne se contentent pas de demander , ils dérobent ce qu'ils peuvent, & tout leur est bon , linge, habits, agneaux , volaille de toute espece. Lorsqu'ils ont ramassé des provisions , ils achetent du vin dans les Cabarets , & vont faire des festins dans les bois ; ils débouchent les passages des hayes pour avoir du bois sec , ils en coupent de verd , font grand feu pour se chauffer ou pour cuire leurs viandes , & combien de taillis n'ont-ils pas incendiés.

Vols simples commis journellement par les Vagabonds.

Lorsqu'ils arrivent dans une Ferme pour coucher , ils y entrent comme chez eux , ils s'emparent tellement du feu que les gens de la maison ne peuvent en approcher , ils les regardent comme étant destinés à les servir, ils se font faire de la soupe & de la bouillie pour les enfans. S'ils ne demandent pas toujours avec insolence , c'est qu'ils n'éprouvent guères de contradiction ni de refus. La terreur qu'ils inspirent fait qu'ils n'ont qu'à se présenter pour être obéis , tout plie, tout fléchit devant eux ; & qui oseroit leur résister ? La crainte leur fait ouvrir toutes les portes , & cette crainte n'est que trop fondée, l'Habitant de la campagne est assez courageux pour l'ordinaire , mais il sçait qu'en cette occasion il n'a d'autre parti à prendre que le silence , il sent que , contre un si grand nombre d'ennemis qui se succédent, la résistance seroit dangereuse.

Insolence des Vagabonds.

Les Mendiants n'ont que trop souvent des secrets funestes pour faire périr les bestaux. Les

Crainte qu'ils inspirent.

mortalités que les Fermiers éprouvent fans qu'on en puiffe voir la caufe, font pour l'ordinaire occafionnées par ces miférables, dont la vengeance eft plus efficace que les fortiléges, dont les gens de la campagne ont tant d'appréhenfion.

Mais fouvent cette efpèce de vengeance eft trop lente & trop obfcure à leur gré, ils préferent des moyens plus prompts & plus éclatans. Le feu eft dans leurs mains une arme dont ils fçavent également menacer & fe fervir. Si un Fermier leur fait quelque reproche fur leur nombre ou leur infolence, s'il a la témérité de leur refufer une partie de ce qu'ils demandent, ils fçavent très bien menacer du feu, fur-tout lorfqu'ils fe voyent en force ; & ils fe font obéir d'autant plus fûrement, que l'on eft perfuadé qu'ils en font capables & qu'ils y font très-difpofés. Si ces accidents n'arrivent pas tous les jours, c'eft que par une prompte condefcendance à ce qu'ils exigent, on évite d'y donner lieu ; mais ils ont foin de renouveller de tems en tems ces terribles exemples, & d'entretenir la terreur qui pourroit s'affoiblir infenfiblement dans l'efprit des Habitans de la campagne.

Incendies fréquentes.

On eft furpris d'abord que des hommes fe portent de fang froid à des crimes dont il ne paroît pas qu'ils profitent. Mais qu'on y faffe attention : ces crimes ne font pas pour eux des crimes inutiles & perdus. L'effet de ces cruels accidens eft d'intimider un pays & de convaincre qu'on ne doit rien leur refufer, fi on ne veut perdre tout fon bien.

Nous avons une connoiffance particuliere

d'un accident de ce genre arrivé le 1 Octobre 1762. Des Vagabonds ont mis extérieurement le feu à une grange remplie de grains ; la perte des bâtimens est de 1800 livres, celle des grains & pailles qui y étoient contenus est de 3000 livres : pareil accident étoit arrivé l'année précédente dans la même Paroisse.

Qui pourroit compter le nombre des Fermes & Maisons que les Vagabonds ont incendiés depuis quelques années dans nos Provinces. Quel est l'Habitant de la campagne qui n'ait vû ou entendu raconter de ces sortes d'accidents arrivés dans son canton, à ses voisins ou à des gens de sa connoissance ? Quel est celui qui n'ait sujet d'appréhender un pareil sort, & qui puisse se promettre de l'éviter.

Maniere dont on doit envisager les Vagabonds par rapport à la Société civile.

Il existe donc dans l'état un nombre considérable de gens qui font profession de ne rien faire & de vivre aux dépens des autres, qui ont abdiqué toute occupation & tout domicile, qui ne connoissent ni règle, ni joug, ni Supérieur, qui non-seulement sont indépendans, mais qui sçavent se faire craindre & obéir. Ils vivent au milieu de la société sans en être membres, ils y vivent dans cet état où les hommes seroient s'il n'y avoit ni loix, ni police, ni autorité ; dans cet état que l'on suppose avoir eu lieu avant l'établissement des Sociétés civiles, mais qui, sans avoir jamais existé pour tout un peuple, se trouve par une contradiction singuliere, réalisé au milieu d'une Société policée.

Si l'indépendance dans laquelle ils se maintiennent, n'attaquoit que l'Autorité Souveraine, elle seule seroit intéressée à réprimer cette rébellion sourde & continuelle; mais ils vivent dans un véritable état de guerre avec tous les Citoyens. Car n'est-ce pas faire la guerre que d'attaquer en même tems la sûreté personnelle & la propriété des biens, de mettre un Pays à contribution, de ne vivre que de butin, de ne manger d'autre pain que celui que l'on a arraché par la crainte, de se faire obéir par des menaces trop souvent effectuées.

Cette guerre intestine & journaliere, qui, si elle se faisoit à armes égales, se termineroit bientôt par la destruction des Vagabonds, est toute entiere à leur avantage. Dans l'état naturel la force se repousseroit par la force, & la supériorité resteroit au plus grand nombre. Ici c'est la force qui lutte contre les Loix, & les Loix restent dans l'inaction. Ici la force dans des mains aussi foibles que méprisables, prévaut, parce qu'elle ne trouve point de résistance, & qu'elle attaque des gens que les Loix ont désarmés. Car dans l'état civil chacun est dépouillé de l'usage de ses propres forces : l'Autorité Souveraine les réunit toutes, & se charge de défendre les Sujets qui sous sa protection, deviennent plus forts qu'ils ne seroient comme particuliers isolés. Mais lorsque l'Etat ne fait pas usage de la force publique dont il dispose pour maintenir au-dedans l'ordre & la paix, les Sujets sont plus foibles qu'ils n'étoient. Car l'autorité qui leur manque au besoin, & se taît pour leur défense, ne leur rend pas en même tems l'usage de leurs forces particulieres. C'est ainsi que les Habitans de la campagne qui souvent sçauroient très-bien se faire justice à eux-mêmes, si dans un Etat policé il étoit permis de se la rendre, font livrés à la discrétion des Vagabonds.

Mais non-seulement l'état de Vagabond est par lui-même un crime dans la Société civile, il en entraîne encore bien d'autres à sa suite, & est la pepiniere des Voleurs & des Assassins. Il est impossible en effet que des gens qui font profession d'oisiveté, qui se font voués à la dissolution & à la débauche, qui traînent après eux des femmes encore plus corrompues qu'eux-mêmes s'il étoit possible, se contentent de demander même avec insolence & avec menaces.

Ils joignent à l'oisiveté les excès de l'intempérance, ils ne veulent pas travailler & veulent être bien nourris ; il faut nécessairement voler pour satisfaire à cette dépense, & ils ne manquent ni d'occasions, ni de dispositions pour le faire.

Ils font continuellement à portée de se rencontrer & de s'attrouper en tel nombre qu'ils jugent à propos ; car qui oseroit les contredire sur leur nombre, & d'ailleurs combien ne leur est-il pas facile de ne paroître ensemble que deux ou trois, de prendre des endroits de raliement, & d'arriver à la suite les uns des autres ?

Tous leurs discours ne roulent que sur leurs exploits ; les femmes encore plus avides de butin que les hommes, les animent : elles préferent les plus intrépides, & ceux qui se distinguent par plus de forfaits. Ceux qui reculent dans l'occasion, ou qui manquent leur coup, font traités de lâches. Dans leur langue, aller travailler en tel endroit, c'est aller voler, & ils ont raison, c'est un espece de travail, si on le compare à la facilité qu'ils ont de recevoir en demandant. Ils n'ont autre chofe à faire que de méditer leurs complots & de prendre leurs mefures pour réuffir. Ils rodent continuellement dans la campagne, ils examinent les approches des maifons, & s'informent du nombre des perfonnes qui les habitent & des facultés du Maître; malheur à ceux qui ont la réputation d'avoir quelqu'argent.

Nous ne parlons pas des vols fimples, ce font des fautes légeres qui ne méritent pas qu'on y faffe attention fi on les compare aux crimes dont il s'agit. Mais combien de vols de grand chemin & de vols avec effraction, combien de Voyageurs affaffinés, de maifons & de portes enfoncées avec des coûtres de charrues qu'ils trouvent fur les terres, combien d'affaffinats tous plus cruels les uns que les autres, combien de Curés, de Laboureurs, de Veuves à qui ils ont brûlé les pieds pour tirer d'eux où étoit leur argent, & qu'ils ont tués enfuite, combien n'en ont-ils pas brûlé en entier ou affommés avec des bâtons ferrés ?

Voici la maniere dont les Vagabonds exécutent leurs complots. Ce font prefque toujours leurs concubines qui les y engagent, de maniere que lorfqu'on voit des Vagabonds avec des femmes, on peut être comme affuré que ce font des Voleurs. Les femmes vont d'abord feules dans les Métairies demander à coucher : elles examinent le nombre de perfonnes qui les habitent, ainfi que toutes les approches & les iffues des bâtimens. Elles vont le lendemain rendre compte de leurs découvertes, & fe re-

tirent dans les bois pour attendre le fuccès.
Les Voleurs inftruits du détail vont la nuit en-
foncer les portes, ou même des murs, ce qui
n'eft pas bien difficile; ils fe faififfent des gens
qu'ils trouvent endormis, leur lient les pieds
& les mains, les enfeveliffent dans leurs cou-
vertures, & leur font fouffrir les plus cruels
tourmens pour fe faire livrer leur argent. La
plûpart du tems ils les tuent enfuite. Quelque-
fois ils entrent cinq ou fix dans une Ferme à
l'heure du fouper, ils environnent la table, &
armés de bâtons en forme de maffue, ils affom-
ment les Maîtres & les Domeftiques fans qu'ils
ayent le tems de fe reconnoître. Ils portent enfuite à leurs concubines l'argent & les effets
qu'ils ont volés; celles-ci les dépofent chez
des receleurs affidés, ou dénaturent les effets
de maniere qu'il n'eft pas poffible de les reconnoître. C'eft ainfi qu'ont été commis dans une
Généralité très-proche de Paris en 1755 & les
années fuivantes, plus de 25 vols & affaffinats,
dont plufieurs ont fait périr des familles entières.
Plus de quarante coupables ont été punis du dernier fupplice, fans que cet exemple intimide les
autres, & rétabliffe la fûreté dans les campagnes.

Nous ne prétendons pas que tous les Vagabonds foient capables de fe porter à ces excès;
fi cela étoit, la campagne ne feroit pas habi-
table, chaque jour verroit renouveller ces
cruels accidens; mais il n'en eft pas moins vrai
que c'eft parmi eux que fe forment les Voleurs
& les Affaffins, qui font tous des Mendiants &
vagabonds, & qu'on ne peut arrêter le cours de
ces crimes qu'en profcrivant efficacement un

genre de vie qui les facilite, & qui y conduit par l'habitude de commettre des vols simples, dont il y a peu de Vagabonds qui ne soient coupables.

L'Etat poursuit avec vigueur la vengeance des grands crimes, la Justice déploye toute sa sévérité, & immole autant de victimes qu'elle peut découvrir de coupables ; elle espere que la rigueur & la publicité des supplices pourront servir de frein. Mais qu'il nous soit permis de le dire, c'est vouloir empêcher les effets sans détruire la cause, c'est retrancher quelques branches & laisser subsister l'arbre qui les produit.

Il en coûte tous les ans à l'Etat des sommes considérables pour la poursuite des crimes qui attaquent la sûreté publique. Sans parler de l'entretien des Maréchaussées, dons l'établissement ne peut procurer l'utilité qu'on en devroit retirer tant que l'on n'ira pas à la source du mal, combien l'instruction des Procès criminels n'est-elle pas coûteuse; on seroit étonné de la somme à laquelle montent les frais des Procès qui s'instruisent prévôtalement, si on vouloit en faire le calcul.

N'est-on pas en droit de dire qu'il en coûteroit beaucoup moins pour prévenir les crimes, que pour les punir ; mais ce qui est vraiment irréparable, c'est la perte de tant de Citoyens que ces misérables ont assassinés ; c'est même la perte des coupables qui sont morts sous le glaive de la Justice. Quelqu'indignes qu'ils soient de toute commisération, en tant qu'hommes ils étoient précieux à l'Etat, & il eût été facile de les mettre dans l'heureuse impuissance de com-

mettre les crimes qui les ont conduits au supplice.

Triste situa-
tion des Ha-
bitans de la
campagne. Tel est le tableau trop fidele des maux aux-
quels la campagne est en proie. Telle est la triste
condition du Cultivateur, d'être forcé de partager avec des Vagabonds le fruit de ses sueurs,
& souvent son nécessaire, de voir continuellement sa vie en danger, & ses biens exposés au
pillage, d'avoir toujours lieu de craindre que
dans le nombre des Mendians qu'il loge journellement chez lui, il n'y ait des Incendiaires,
des Voleurs ou des Assassins. Il est juste cependant que la campagne soit le séjour de la paix
& du calme, comme elle l'est de l'innocence.
Il est juste que le Cultivateur jouisse de la tranquillité de l'esprit au milieu des occupations pénibles auxquelles il est destiné. Il est juste que
personne ne puisse lui arracher la portion de la
recolte qui lui appartient, ou du salaire qu'il a
gagné si légitimement.

Ils méritent
à tous égards
la protection
du Gouver-
nement. Il est juste qu'il participe aux avantages de la
Société, qui ne réunit les hommes que pour
procurer leur sûreté & assurer la propriété de
leurs biens. Tout Citoyen a droit à cette protection, & quel est celui qui la mérite à plus
juste titre que le Cultivateur, & qui la paye
par plus de services? C'est lui qui est le soutien
de l'Etat, qui en fait la force, qui en crée les
richesses par son travail, qui lui fournit des Soldats, qui en supporte toutes les charges, puis-
que l'impôt, de quelque maniere qu'il soit
combiné, est payé par les productions de la
terre.

Le Cultivateur a d'autant plus de droit à la
protection du Gouvernement, qu'il en a plus

de besoin. Il est éloigné des Villes & privé de tout secours. Pendant le jour son travail l'appelle loin de sa demeure, sa maison reste vacante, ou n'est gardée que par sa femme environnée d'enfans en bas-âge ; quel risque ne court-elle pas d'être attaquée & insultée ? La nuit sa maison ne peut lui procurer qu'une foible défense, le moindre effort suffit pour en forcer l'entrée ; les bâtimens qui renferment ses bestiaux ou ses recoltes, les mettent à l'abri des injures de l'air, sans les défendre contre la malice des hommes. Tout ce qu'il possede est sous la garde de la foi publique ; mais plus il est exposé, plus la Loi doit veiller à sa sûreté. Il est placé dans une distance qui ne lui permet pas d'élever la voix pour reclamer l'attention du Gouvernement, il faut que le Souverain s'abaisse pour faire descendre jusques sur lui les regards bienfaisans de sa prévoyance.

SECONDE PARTIE.

Dans laquelle on expose ce que le Gouvernement a fait en divers tems contre les Vagabonds, & l'insuffisance des moyens qu'il a employés.

A voir le nombre de Vagabonds & de Mendiants qui inondent nos Villes & nos Campagnes, on seroit porté à croire que le Gouvernement n'a jamais fixé son attention sur une partie si intéressante de l'administration intérieure. Cependant, par une espece de contradiction que l'on a peine à concevoir, il est éga-

Numero Legum laboramus.

lement vrai d'une part, qu'il n'y a point de Royaume où les Loix ayent été plus multipliées contre ce désordre, & de l'autre, qu'il n'y en a peut-être point où il soit plus commun & plus impuni. Tant il est vrai que la quantité des Loix ne sert qu'à embarrasser par la contrariété des vues qu'elles renferment ; & que la Police ne peut se maintenir que par des dispositions simples, constantes, uniformes & invariables.

Il n'est point étonnant que les Habitans de la campagne ayent été vexés & exposés au pillage dans ces tems malheureux où l'Autorité Royale étoit mal affermie, où les Seigneurs puissans & redoutables entretenoient continuellement des gens armés, soit pour faire la guerre, soit pour piller les Peuples, & où les gens de guerre qui couvroient la campagne, n'étoient soumis à aucune discipline.

Les Guerres civiles qui sont survenues ensuite, ont perpétué ce désordre, quelle force peuvent avoir les Loix dans des tems de crise & d'orage, où l'autorité est chancelante, où la licence n'a plus de frein, où la force contraint l'obéissance & devient l'unique titre pour commander, où la voix du Maître légitime est étouffée par les cris de la sédition.

A mesure que l'Autorité Souveraine a repris ses droits, tout pouvoir s'est abaissé devant Elle, les Grands ont été soumis & sont devenus les premiers d'entre les Sujets ; les foibles ont respiré sous l'empire des Loix, ils ont joui de la liberté légitime qui fait les Citoyens, & ont trouvé un asile toujours ouvert dans les Tribunaux chargés de distribuer également à tous la justice dont le Prince est débiteur envers tous. Depuis long-
tems

tems il n'y a plus d'oppreffeurs ni de tyrans dans les Provinces ; les Sujets ne connoiffent qu'un Maître , & nul ne peut leur commander qu'en fon nom. Par quelle fatalité faut-il que les Peuples , qui n'ont plus rien à craindre des Grands , foient fatigués & tourmentés par une troupe de miférables Mendiants qui les fait trembler & obéir? L'Autorité Souveraine a fait plier fous le joug des Loix les têtes les plus fuperbes , & elle trouve de la réfiftance dans une poignée de gens les plus vils & les plus abjects. Elle a diffipé les orages qui ont ébranlé l'Etat , & cet arbre majeftueux qu'elle a affermi avec tant de travaux, eft attaqué fourdement par de viles infectes qui rongent imperceptiblement fes racines, & le font languir. Sont-ils donc trop foibles pour être apperçus , ou font-ils trop méprifables pour attirer fon attention? Mais il ne faut qu'un fouffle pour les détruire , un mot du Gouvernement fuffit pour les faire difparoître & en délivrer nos campagnes pour toujours.

N'accufons pas le Gouvernement d'avoir fermé les yeux fur ce défordre, il s'en eft occupé dans tous les tems, & s'il fubfifte encore, ce n'eft pas faute de Loix & de précautions.

Il paroît que c'eft Charles VII qui, après les guerres contre les Anglois , a le premier établi les Maréchauffées pour purger les Provinces des gens de guerre congédiés & fans emploi qui pilloient le pays. Notre objet n'eft pas de parcourir tous les Réglemens donnés à ce fujet, & de fuivre les divers changemens que le Corps des Maréchauffées a éprouvés. Il nous fuffit de dire qu'elles ont été établies pour main-

Etabliffement des Maréchauffées.

B

tenir la sûreté publique & la liberté du commerce, pour protéger les Gens de la campagne & les Voyageurs contre toute insulte. A cet effet il leur a été enjoint dans tous les tems * de tenir la campagne pour la purger de gens mal-vivans, & nétoyer le pays des Voleurs & des Vagabonds qu'ils y trouveront; de faire exactement leurs chevauchées dans le lieu de leur district, & d'y vacquer continuellement sans pouvoir séjourner dans les Villes, de monter à cheval aussitôt qu'ils feront avertis de quelque délit; de n'exiger aucun falaire des Parties qui reclament leur assistance, à peine de privation de leur état; de faire toute diligence nécessaire pour appréhender les délinquans sans user de délai ni dissimulation; & pour accélerer le cours de la Justice, il a été donné aux Prevôts des Maréchaussées Jurisdiction en dernier ressort sur les Vagabonds qui ont paru indignes de la faveur de l'appel.

* Ordonnances d'Orléans, de Moulins, de Blois, & autres Edits & Ordonnances. Déclaration de 1660, art. 11.

L'Edit de Mars 1720, qui a donné une nouvelle forme aux Maréchaussées, n'a rien changé dans leur destination. La Déclaration du 5 Février 1731, qui détermine d'une maniere précise la compétence des Prevôts des Maréchaux, tant sur les personnes que par rapport aux crimes, porte article premier, qu'ils connoîtront de tous les crimes commis par Vagabonds & Gens sans aveu, & leur enjoint d'arrêter ceux ou celles qui sont de cette qualité, encore qu'ils ne fussent prévenus d'aucun crime ou délit, pour leur être leur procès fait & parfait conformément aux Ordonnances; ainsi que les Mendiants valides qui sont de la même qualité, pour procéder contr'eux suivant les Edits

& Déclarations qui ont été donnés sur le fait de la mendicité.

Qui ne croiroit que la campagne gardée & protégée par un Corps de Troupes uniquement destiné à cet effet, ne dût jouir d'une tranquillité parfaite & être à l'abri de toute insulte, que la race des Vagabonds ne dût être éteinte depuis longtems, & le Laboureur déchargé d'une contribution aussi onéreuse. Cependant pour peu qu'on habite nos campagnes, il est aisé de connoître leur véritable situation à cet égard.

La continuation de ce désordre n'est pas assurément un motif qui doive faire regarder l'établissement des Maréchaussées comme inutile en lui-même; il mérite toute notre reconnoissance, & est un témoignage de la sage prévoyance de nos Rois, & du soin qu'ils prennent de maintenir la tranquillité publique. Nous sommes également éloignés de douter du zele des Officiers de la Maréchaussée, & d'attribuer à leur conduite le peu de fruit que la campagne paroît retirer de leurs services.

C'est dans la Législation même que nous prétendons trouver la cause de ce désordre, dans la multiplicité des Loix portées sur cette matiere, & dans la variation des mesures que l'on a prises, dans l'incertitude où ces Loix ont jetté les Tribunaux, dans le peu d'exécution dont elles étoient susceptibles pour la plûpart, enfin dans l'insuffisance de la peine qu'elles prononcent.

Insuffisance de nos Loix sur cet objet.

A quoi serviroit en effet que les Maréchaussées parcourussent exactement les campagnes pour arrêter tous les Vagabonds & Mendiants valides, aux termes des Ordonnances, & en particulier de la Déclaration de 1731; si les Juges devant qui on les mene, ne font autorisés à en purger la Société par une peine efficace & férieuse; si la Justice attend pour les punir qu'ils ayent commis d'autres crimes; si la Loi, après avoir multiplié les précautions & armé tant de bras pour les pourfuivre, n'a rien à prononcer contr'eux?

Ce n'est pas que de tems en tems l'excès du désordre n'ait réveillé l'attention du Gouvernement, & ne l'ait porté à prendre des mesures pour l'arrêter; si ces mesures font honneur à la bonté & à la douceur du Gouvernement, leur peu de succès doit les faire abandonner pour toujours.

On a pensé que la mendicité pouvoit être excusée dans les Vagabonds & les Gens valides, comme étant occafionnée par la misere. On s'est flatté d'en ôter la caufe & de la faire cesser en établissant des ouvrages publics, où les Mendiants puissent trouver du travail. On ne s'est cru en quelque forte en droit de les punir que lorsqu'ils continueroient de mendier au mépris de cette ressource qu'on leur offroit. Et en ce cas même, quelles peines a-t-on prononcées?

Mesures prifes fous Louis XIV contre la mendicité. Déclaration de 1685. C'est le parti que paroît avoir pris Louis XIV pour arrêter la mendicité & ses suites. Il annonce par la Déclaration du 13 Avril 1685, qu'il a fait ouvrir des Atteliers dans les différentes Provinces du Royaume; il enjoint aux Mendiants & Vagabonds qui ne font point natifs de Paris, d'en fortir fous peine de prifon pendant un mois pour la premiere fois, de cinq ans de galeres pour la feconde. Il est ordonné aux Men-

diants natifs de Paris, ou des environs, de s'en-
rôler pour travailler aux Atteliers établis à
Paris (1).

La Déclaration du 10 Février 1699, renou- Déclaration
de 1699.
velle précifément les mêmes difpofitions. Ces
deux Loix ont eu pour principal objet d'empêcher la mendicité dans la Ville de Paris.

La Déclaration du 25 Juillet 1700 eft plus Déclaration
de 1700.
générale. Il eft ordonné à toutes perfonnes de
15 ans & au-deffus, de gagner leur vie par le
travail, *à peine d'être punis comme Vagabonds*
(2) ; & à tous Mendiants & Vagabonds de fe
retirer dans quinzaine dans le lieu de leur naiffance ; leur eft fait défenfes de s'attrouper plus
de quatre, de demeurer fur les grands chemins,
d'aller dans les Fermes fous prétexte de demander l'aumône, à peine du fouet à l'égard des
hommes pour la première fois, pour la feconde, du fouet & du carcan à l'égard de ceux qui
n'ont pas 20 ans, & de 5 ans de galeres pour
ceux qui ont 20 ans & au-deffus ; à peine pour
les femmes d'être enfermées pendant un mois
dans les Hôpitaux, en cas de récidive d'être
fuftigées & mifes au carcan. *Il eft défendu à
toutes perfonnes de leur rien donner à peine de
50 liv. d'amende.* On prend en même tems des
mefures pour pourvoir à leur fubfiftance dans
leur retraite pour les loger & fecourir pendant
l'hiver lors prochain ; on annonce pour le Prin-

---

(1) Nous nous réfervons de rapporter la Déclaration
du 28 Janvier 1687, dans la troifiéme Partie.

(2) Qu'il me foit permis d'obferver que la qualité de
Vagabond & celle de Mendiant domicilié, font fi différentes, qu'on ne doit jamais les confondre.

tems suivant l'établissement d'ouvrages publics
où ils pourront travailler ; on ouvre les Hôpitaux à tous les Invalides , aux femmes nourrices & aux enfans , & on leur défend de mendier sous peine du fouet & du carcan, & pour
la récidive , sous peine d'y être enfermés ; on
défend aux Administrateurs de les en laisser
sortir , même sous prétexte de manque de fond,
auquel on promet de pourvoir. Enfin , pour
l'exécution de cette Déclaration, il est ordonné
aux Lieutenans de Police de faire arrêter tous
les Mendiants dans les Villes, & aux Prevôts
des Maréchaux de les faire arrêter dans les campagnes & sur les grands chemins.

Déclaration de 1701. La Déclaration du 27 Août 1701 , rendue
pour Paris , détermine la véritable qualité de
Vagabonds ; & sans parler des Atteliers publics
qui avoient dû être établis , enjoint purement
& simplement aux Vagabonds de prendre des
emplois , & ordonne qu'ils soient condamnés
pour la premiere fois à être bannis du Ressort
de la Prevôté de Paris, pour la deuxième envoyés aux galeres pour trois ans.

Mesures pri-ses sous le présent Re-gne. Telles sont les mesures que l'on a prises sous
le dernier Regne contre les Vagabonds : elles
étoient excellentes dans la spéculation, impra-
ticables dans l'exécution. Suspendons les réflexions , & parcourons les Loix rendues sur
le même fait sous le présent Regne. Par la Dé-
Déclaration de 1719. claration du 8 Janvier 1719, qui ne paroissoit
rendue que pour Paris , & a été déclarée com-
mune à tout le Royaume par celle du 12 Mars
même année. Il est porté, *que dans tous les cas
où les Loix prononcent la peine des galeres contre
les Vagabonds ; les Juges pourront ordonner*

que les hommes feront tranfportés aux Colonies pour y travailler comme engagés, foit à tems, foit à toujours, fans que cette peine emporte la mort civile.

La Déclaration du 5 Juillet 1722 a révoqué **Déclar. de 1722.** celle de 1719, défend aux Juges d'ordonner le tranfport dans les Colonies, & renouvelle purement & fimplement les Déclarations de 1682 & 1687, contre ceux ou celles qui ne gardent pas leur ban, enfemble celles de 1700 & 1701 contre les Vagabonds & Mendiants.

La Déclaration du 18 Juillet 1724 préfente **Déclar. de 1724.** un nouveau plan, & fembloit devoir produire un effet plus conftant. Art. I. Il eft enjoint à tous Mendiants valides de prendre un emploi pour fubfifter; aux invalides, aux femmes enceintes, nourrices & aux enfans de fe préfenter fous quinzaine dans les Hôpitaux les plus prochains, où ils feront reçus & occupés fuivant leurs forces au profit des Hôpitaux. *Le Roi promet de fournir les fecours néceffaires.* Par l'Art. II, pour ôter tout prétexte à la mendicité, il eft permis à tous Mendians valides qui n'auront pas trouvé d'ouvrage dans la quinzaine, de s'engager aux Hôpitaux qui leur fourniront la nourriture & entretien, ils feront diftribués en compagnies de vingt hommes, fous un Sergent qui les conduira tous les jours à l'ouvrage; ils feront employés aux travaux des Ponts & Chauffées & autres; ils travailleront au profit de l'Hôpital, qui leur donnera toutes les femaines un fixiéme du prix par forme de gratification; *ceux qui quitteront fans congé, ou pour aller mendier de nouveau, ou même pour aller fervir ailleurs, feront condamnés à cinq ans de galere.* B iv

L'Art III ordonne qu'après le délai de quinzaine les hommes & femmes valides ou invalides & enfans qui feront trouvés mendians, feront arrêtés & conduits dans les Hôpitaux, les Invalides y feront nourris toute leur vie, les femmes nourrices ou enceintes & les enfans, un tems fuffifant. *Les hommes & femmes valides renfermés & nourris au pain & à l'eau pendant au moins deux mois, puis élargis ; pour la feconde contravention, renfermés au moins pour trois mois, & marqués avant leur élargiffement de la lettre* M. *au bras dans l'intérieur de l'Hôpital,* fans que cette marque emporte infamie : pour la troifiéme contravention, les femmes feront enfermées dans les Hôpitaux au moins pendant cinq ans, même à perpétuité s'il y échet, les hommes envoyés aux galeres pour cinq ans.

L'Art. IV veut qu'il foit donné par les Hôpitaux des Paffeports à ceux qui voudront fe retirer chez eux, & en prefcrit la forme.

L'Art. V prend des précautions pour que l'on puiffe connoître plus facilement ceux qui auront déja été arrêtés une premiere fois, ou contre lefquels il y auroit des faits qui méritent d'être approfondis.

L'Art. VI porte que les Mendiants qui feront arrêtés demandant l'aumône avec infolence, ceux qui fe diront fauffement Soldats ou feront porteurs de congés faux, ceux qui, lorfqu'ils auront été conduits à l'Hôpital, auront déguifé leurs noms, ceux qui auront été arrêtés contrefaifans les eftropiés ou les malades, qui fe feront attroupés plus de quatre, qui auront été trouvés armés, qui auront été ci-devant flétris, quoiqu'arrêtés mendiant pour la premiere fois, feront envoyés aux Galeres pour cinq ans s'ils font valides, & les femmes & hommes invalides fuftigés dans l'intérieur de l'Hôpital, & détenus à tems ou à perpétuité dans l'Hôpital ; le furplus de cette Déclaration porte injonction aux Maréchauffées d'arrêter tous Mendiants & Vagabonds, & regle la compétence.

La Déclaration du 20 Octobre 1750, qui eft la derniere Loi portée fur cette matiere, n'eft que provifoire, elle promet un Réglement général, & en attendant, fe borne à réitérer les injonctions ordinaires, de prendre un emploi ou de fe retirer ; & ordonne qu'après le délai d'un mois, tous les Mendiants feront arrêtés & conduits dans les Hôpitaux pour y être gardés pendant le tems qu'il fera jugé convenable par les Directeurs. *Le Roi promet de pourvoir à leur fubfiftance.*

Déclar. de 1750.

Telle eft, fous un même point de vue, la fuite des Loix portées fur cette matiere depuis quatre-vingt ans : elles ne préfentent que variations dans les projets, incertitude dans les peines qu'elles prononcent, inconvénient dans les détails, impoffibilité dans l'exécution : auffi n'en ont-elles jamais eu qu'une paffagere. Le caractere des Loix eft cependant de produire un effet durable & conftant.

Mais il ne fuffit pas de fçavoir que ces Loix font reftées fans exécution, il faut en difcuter la caufe, & la chercher dans la nature de leurs difpofitions.

1°. Les mefures que ces Loix ont prifes partent d'un principe bien refpectable, puifqu'il eft dicté par la bonté & la commifération, mais qui fe trouve contredit par l'expérience.

1°. On a fuppofé que c'étoit le travail qui manquoit, & c'eft la bonne volonté.

On a supposé que c'est le défaut de travail qui fait ordinairement les Vagabonds & les Mendiants, & on a pensé d'eux assez favorablement pour croire qu'il suffisoit de leur offrir du travail pour les fixer. Mais le Gouvernement doit, avant toute chose, être bien persuadé que les Vagabonds de profession sont essentiellement ennemis du travail. Si on leur en présente qui ait du rapport avec celui qu'ils ont fait autrefois, il en est plusieurs qui pourront s'y employer de bonne foi. S'il est tout différent, ils prétexteront, pour s'en dispenser, qu'ils n'ont pas la force nécessaire, qu'ils n'en ont pas l'habitude, qu'ils ne sçavent pas remuer la terre. Tel est cependant le genre de travaux publics auquel on s'est proposé de les appliquer. Pour peu qu'on habite la campagne, on sçait que les Vagabonds ne veulent rien faire. Que l'on propose à un Vagabond valide de défricher, de faire des fossés, il répondra qu'il ne peut s'arrêter, qu'il ne fait que passer pour aller à tel endroit. S'il ne peut s'y refuser, il vous oblige bien-tôt de le congédier par la maniere dont il travaille ; ou bien il s'en ira au premier moment, & l'on doit se regarder comme heureux, s'il n'emporte pas les outils qu'on lui a confiés.

Ce n'est point assurément le travail qui manque, c'est la bonne volonté. En tems de guerre tout homme valide a la ressource de servir le Roi, en tems de paix il a à choisir de l'occupation en tout genre. Quiconque est embarrassé pour en trouver, n'a qu'à s'offrir pour sa nourriture, ou même diminuer sur le prix ordinaire, il est sûr de n'en pas manquer.

Il n'y a que deux moyens de faire travailler les Vagabonds, c'est de les y contraindre par force, ou de leur infliger un châtiment si sévère, qu'ils préférent encore le parti du travail.

2°. La ressource du travail que le Législateur présentoit aux Mendiants valides, la retraite dans les Hôpitaux qu'il offroit aux invalides, donnoit droit sans doute de punir sévérement la mendicité, puisqu'elle devenoit visiblement volontaire & n'avoit plus d'excuse. Cependant les Loix que nous avons citées ont usé de la plus grande indulgence : les Déclarations de 1685 & de 1699 n'ordonnent que la reclusion d'un mois dans un Hôpital, pour la récidive, les Galeres pour cinq ans, le fouet & le carcan à l'égard des femmes ; celle de 1700 le fouet pour la premiere fois, cinq ans de Galeres pour la seconde ; celle de 1701, le banniffement pour la premiere fois, trois ans de Galeres pour la seconde.

Le transport des Vagabonds & Mendiants valides aux Colonies, étoit un excellent moyen pour purger en peu de tems le Royaume, si on lui eut donné plus d'étendue ; mais on a restraint cette peine au seul cas où les Loix précédentes infligeoient celle des Galeres, & la premiere contravention est restée impunie comme par le passé.

Il semble que l'on ait pourvû à cet inconvénient par une Ordonnance du 10 Mars 1720. Elle porte que, passé le délai d'un mois, tous les Vagabonds & Mendiants seront arrêtés, & que ceux qui seront reconnus pour Vagabonds, seront conduits aux Colonies ; mais comment les Juges auroient-ils pû prononcer en con-

2°. On a prononcé des peines insuffissantes.

formité, cette Ordonnance n'étoit pas revê-
tue de Lettres-Patentes, & ne leur est pas
parvenue.

Au reste, dès 1722 le Gouvernement a changé
de résolution à cet égard, & a fait défenses de
prononcer l'envoi aux Colonies.

Quoique la Déclaration de 1724 paroisse présenter un nouveau plan, & dût faire espérer la
cessation du désordre; si on l'examine bien on
y trouvera tout l'esprit des Loix précédentes,
même système au fond, quoique les mesures
soient différentes, même persuasion, dont on
auroit dû être bien désabusé, que les Vagabonds
ne demandent qu'à travailler : tout se réduit à
une injonction de prendre un état, & à une
exhortation, faute d'en trouver, de s'engager
aux Hôpitaux : l'indulgence est encore portée
plus loin que par le passé; les deux premieres
contraventions ne sont punies que de la reclusion pour deux ou trois mois, ce n'est qu'à la
troisième qu'on prononce cinq ans de Galeres;
par une espéce de contradiction dans l'ordre
des peines, la Loi réserve toute la sévérité contre ceux qui après s'être engagés à un Hôpital,
en sortent sans congé; elle prononce contr'eux
la peine des Galeres pendant cinq ans. Par cette
disposition le sort de ceux qui auroient d'abord
obéi à la Loi, mais qui, dégoûtés de la subor-
dination, auroient été ensuite mendier, *ou
même servir ailleurs*, devenoit plus dur que la
condition de ceux qui auroient toujours continué de mendier. Les Mendiants sont ennemis
de toute contrainte, la suite rigoureuse d'un
engagement qu'on leur présentoit comme volontaire, devoit les en dégoûter pour toujours.

Nous nous fommes informés de ce qui s'eft paffé à cet égard en 1724 dans l'Hôpital d'une Ville confidérable, aucun Mendiant ne s'eft préfenté pour s'engager à l'Hôpital, mais on y en a enfermé un très grand nombre; & comme ils y étoient par force, on ne les a jamais fait fortir pour travailler fous la conduite d'un Sergent, ils ont été nourris fans rien faire, & la Loi a manqué fon but.

La Déclaration de 1750 a pris encore moins de précaution, elle n'ordonne que la reclufion dans les Hôpitaux pour un tems, qui fera déterminé par les Directeurs, l'intérêt qu'ils ont eû de délivrer leur maifon d'un pareil fardeau, a dû le rendre très-court : cette Déclaration a eu toute l'exécution qu'elle pouvoit avoir, on a enfermé dans les Hôpitaux un grand nombre de Mendiants qu'on a relâchés peu après.

Des peines auffi légeres que celles prononcées par les différentes Déclarations font-elles capables de faire même balancer les Vagabonds entre les rigueurs du travail, que le défaut d'habitude leur fait envifager comme un fupplice, & les douceurs de l'oifiveté auxquelles ils font accoutumés. Ils regardent les Loix que le Gouvernement porte de tems en tems contre eux, comme des menaces qui n'ont point de fuites, comme des orages qu'il faut laiffer paffer en tâchant de s'en garantir, foit en s'écartant dans des Provinces éloignées, foit en travaillant pendant quelques mois.

3°. En fuppofant aux Mendiants toute la bonne volonté pour le travail que le Gouvernement s'eft flatté de trouver en eux, les reffources en ce genre qu'il leur a préfentées, n'ont

3°. Les reffources qu'on a préfentées aux Mendiants n'ont jamais eu de ftabilité.

jamais pû avoir qu'un effet limité & paſſager; & il en ſera de même de toutes les entrepriſes ſemblables. Rien de plus à propos que d'ôter tout prétexte à la mendicité, de prévenir l'oiſiveté, de procurer des ſecours par le travail, de faire par ce moyen circuler quelqu'argent dans les Provinces. Mais rien de ſi difficile que que de donner à ce projet toute l'étendue, l'ordre, la ſtabilité, la continuité néceſſaire pour obvier à un mal général, perpétuel & toujours renaiſſant ; à la premiere guerre tout eſt ſuſpendu, des beſoins les plus preſſans exigent & attirent toute l'attention ; d'ailleurs lorſqu'un travail eſt fini dans une Province, on n'en commence pas un autre ſur le champ, & dans l'intervalle tout le monde ſe diſperſe. Le plan adopté par la Déclaration de 1724 paroît à cet inconvénient, les Mendiants n'étoient plus chargés du ſoin de chercher de l'ouvrage ; dès qu'ils auroient été engagés à un Hôpital, c'étoit à lui à les nourrir & à les occuper. Mais la diſproportion que cette Loi a miſe entre la peine des engagés qui ſe retirent ſans congé, & celle de ceux qui continueroient de mendier, jointe au dégoût naturel pour le travail, a empêché les Mendiants de ſe préſenter.

Cette Déclaration n'a donc eu aucune exécution en cette partie, elle n'en a eu qu'une paſſagere par rapport à la recluſion des Mendiants que l'on a enfermés en grand nombre dans les Hôpitaux. On les a tous élargis en 1733 faute de fonds pour les nourrir. Les diſpoſitions de cette Loi ſont d'ailleurs tellement multipliées, qu'on n'a pû renfermer tout ce qu'il y avoit à faire en conſéquence, dans la Loi même, on y a suppléé par une instruction particuliere qui contient un détail immense d'opérations : il eut fallu que les Administrateurs , pour y vaquer , eussent renoncé à toute autre occupation : a-t-on jamais pû se flatter de réussir ? Dans un grand Empire où le Ministère est nécessairement distrait sur les détails par les soins les plus importans , il ne faut employer que des moyens simples & qui aillent d'eux-mêmes dès que le Gouvernement a donné la premiere impulsion.

4°. Toutes les Loix que nous avons rapportées ne punissent réellement que la récidive, & la Déclaration de 1724 renchérissant encore sur l'indulgence des précédentes , ne prononce cinq ans de galeres que pour la troisiéme. Il faut qu'un Mendiant soit arrêté jusqu'à trois fois pour y être envoyé , d'où il arrive que cette peine n'est que comminatoire. D'ailleurs cette gradation dans les peines , suppose que l'on arrête exactement & continuellement tous les Mendians : quand on le feroit avec cette persévérance qu'on n'a jamais employée ; dès qu'à la premiere contravention on ne leur inflige aucune marque extérieure qui puisse les distinguer , on les reprendroit dix fois , qu'on ne pourroit reconnoître ceux qui ont récidivé.

La Déclaration de 1724 a cru prendre les précautions les plus sûres pour y parvenir. La lecture de l'Article V suffit pour en faire sentir l'insuffisance. Il n'y a que la flétrissure qui puisse les faire reconnoître. 1°. Elle n'est ordonnée que pour la seconde contravention. 2°. Les Administrateurs sont chargés de l'infliger, c'est-

Marginal note: 4°. On n'a puni que la récidive , & sans prendre de précautions pour la reconnoître.

à-dire, qu'elle ne le fera pas. Des gens dont l'état n'est point de juger, feront toujours retenus par la compaſſion, & ne puniront jamais que les fautes qui troublent l'ordre de la maiſon qu'ils gouvernent. Sur mille ou douze cens Mendiants qui ont en ce tems paſſé par l'Hôpital dont nous avons parlé, aucun n'a été flétri.

Pour que l'on fût à portée d'envoyer aux Galeres, dès la premiere contravention, les Mendiants déſignés dans l'Article VI de la Déclaration de 1724, & dans l'Art. III de celle de 1750, il faudroit que l'on arrêtât conſtamment tous les Mendiants, pour diſcerner ceux qui ſont dans les cas déſignés, ou du moins que les Maréchauſſées parcouruſſent exactement les campagnes pour arrêter ceux portés en ces Articles : mais comment pourroient-elles en faire le choix ? Ce déſordre eſt de nature à être réprimé en entier ou ſouffert en entier, comme il l'eſt réellement depuis ſi long-tems. C'eſt par un effet particulier de la Providence, qui ne permet pas toujours que les grands crimes reſtent impunis, que l'on arrête de tems en tems quelqu'uns des Vagabonds, voleurs & aſſaſſins. On ne les cherche pas ; ce ſont ordinairement les Payſans qui, ſur différens indices, les arrêtent & les amènent à Juſtice.

5°. On n'a jamais mis les Hôpitaux en état de nourrir ceux qu'on ordonnoit y être renfermés.

5°. La Déclaration de 1700 & celle de 1724 ordonnent que tous les Mendiants invalides, femmes nourrices, enfans ſoient reçus, même renfermés de force dans les Hôpitaux. C'étoit le ſeul article de ces Loix qui fût ſuſceptible d'une exécution facile. Il ne s'agiſſoit que de fournir à leur ſubſiſtance, & le Gouvernement

ment promettoit d'y pourvoir , il ne paroît pas qu'il l'ait fait en 1700 ; il l'a fait en 1724 , en augmentant pour cet objet de trois deniers pour livre le montant des impofitions de toutes les Généralités. Depuis 1724 jufqu'en 1733 , les Hôpitaux ont été payés à proportion du nombre de Mendiants qu'ils nourriffoient. En 1733 le Roi a ceffé de les fecourir , ils ont été contraints d'ouvrir les portes à tous les Mendiants , & l'impôt fubfifte encore.

La Déclaration de 1750 promet également de pourvoir à la fubfiftance des Mendiants , qu'elle ordonne d'arrêter & d'enfermer dans les Hôpitaux. L'Hôpital dont nous avons parlé , n'a jamais été remboursé de la dépenfe qu'il a faite en cette occafion.

Ces réflexions fuffifent pour découvrir les caufes du peu de fuccès qu'ont eu les mefures prifes en différens tems pour arrêter la mendicité ; nous les avons puifées dans l'examen approfondi des diverfes Déclarations ; l'expérience les a juftifiées : il y a plus , nous les avons prefque toutes trouvées dictées dans le préambule de celle de 1724. Le Légiflateur reconnoît que ce qui avoit empêché le fuccès du grand nombre de Réglemens ci-devant faits à ce fujet , eft que l'exécution n'en avoit pas été générale , que les Mendiants chaffés des principales Villes avoient eû la facilité de fe retirer ailleurs , & avoient été à portée de revenir bientôt ; que les peines prononcées n'étoient point affez févères ; qu'il n'y avoit eu aucun ordre établi pour reconnoître ceux qui avoient été arrêtés plufieurs fois , & punir plus févérement la récidive , que la trop grande facilité de fe fouf-

Ces réflexions font prifes du préambule de la Déclar. de 1724.

C.

traire à la Loi, & le peu de danger d'être con-
vaincu à caufe de la légéreté de la peine, en
avoit fait totalement négliger les difpofitions ;
enfin que l'on n'avoit pas pourvû fuffifamment
à l'entretien des Hôpitaux, ce qui avoit obligé
les Directeurs à en faire fortir les Mendiants.

La Déclaration de 1724 a donc fenti le défaut des Loix précédentes fur tous ces points ;
a-t'elle pris des mefures plus effectives? C'eft ce
que nous avons affez difcuté, la fuite l'a fait voir,
& le préambule de la Déclaration de 1750
annonce que le peu de fuccès de celle de 1724
oblige d'apporter à ce défordre des remedes
plus efficaces que par le paffé, & a fait efpérer un Réglement général fur cette matiere.

Nous man-
quons de loix
fur cet objet.

En attendant ce Réglement, on peut dire
avec vérité, que nous manquons de Loix fur un
point fi important, & il vaudroit mieux n'en
avoir aucune, que d'en avoir un fi grand nombre qui n'ont point eu d'exécution. Au milieu de ces changemens continuels de vûes,
de plans, de mefures, quel parti peuvent prendre les Tribunaux ; incertains de la route qu'ils
doivent tenir, ils n'en fuivent aucune, ils mar-
chent au hazard: depuis 1733, ils ne peuvent
ordonner la réclufion dans les Hôpitaux pour
deux ou trois mois, ils prononcent le banniffement.

Les Tribu-
naux pronon-
cent le ban-
niffement ;
peine illufoi-
re contre les
Vagabonds.

Le banniffement contre un Vagabond ; mais
fi c'eft une peine pour un homme qui a une
Patrie, un domicile, une famille, un état ;
cette peine eft illufoire & nulle pour un homme qui a abdiqué volontairement toute patrie,
tout domicile, qui, bien loin d'être attaché à
une famille, n'eft avoué de perfonne ; il y a

plus, dont le crime eſt de n'avoir ni retraite, ni état qui le fixe dans un endroit plutôt que dans un autre. Bannir un Vagabond d'une Généralité, c'eſt en laiſſer ſubſiſter la même quantité dans le Royaume, c'eſt échanger les Vagabonds d'une contrée contre ceux d'une autre, c'eſt ſe les renvoyer mutuellement, c'eſt leur dire, allez continuer le même état à vingt lieues d'ici : dans le vrai c'eſt encore moins, c'eſt ne rien prononcer du tout, c'eſt les mettre hors de Cour ; car cette condamnation eſt illuſoire, il leur eſt égal d'être ici ou ailleurs ; elle n'eſt point infamante, car rien n'eſt infamant pour qui n'a point d'honneur à perdre ; elle n'eſt pas ſuſceptible d'exécution. Malgré les peines prononcées par la Déclaration de 1682 contre ceux qui ne gardent pas leur ban, le grand nombre des Vagabonds, la liberté entiere dont ils jouiſſent, l'impoſſibilité de les reconnoître, ſi on les arrête de noveau, les mettent à portée de l'enfreindre impunément.

Voilà cependant à quoi ſe réduit dans le fait le remède que l'on oppoſe depuis long-tems à un mal auſſi étendu, auſſi imminent, auſſi contagieux : n'eſt-ce pas vouloir prendre des oiſeaux de proie avec des toiles d'araignée ? n'eſt-ce pas prétendre arrêter le cours d'un torrent rapide avec des filets ?

Mais eſt-ce la faute des Tribunaux ? croit-on qu'ils ne ſentent pas toute l'inutilité de la peine qu'ils prononcent, & qui, dans le vrai, n'eſt ordonnée par aucune Déclaration, ſi ce n'eſt par celle de 1701, rendue contre une autre eſpèce de Vagabonds que ceux dont il s'agit ici.

C'eſt donc l'inſuffiſance des Loix qui a porté

les Tribunaux à adopter la peine du banniſſe-
ment. Fidélement attachés aux Loix, ils n'en
font que les Miniſtres, & ne font que les appliquer : quand elles leur manquent tout leur
manque, ils reſtent ſans armes, ſans force,
ſans pouvoir ; & ſont réduits, comme le reſte
des ſujets, à demeurer ſpectateurs du déſordre,
qu'ils ne peuvent empêcher, & à en gémir.

TROISIEME PARTIE,

*Dans laquelle on établit l'unique moyen
de réprimer les Vagabonds.*

L'expérience du paſſé eſt le meilleur maître
pour l'avenir, elle nous a aſſez coûté pour ſer-
vir au moins de préſervatif contre tout projet
qui rentreroit dans ceux qu'on a ſuivis juſqu'ici,
& que quatre-vingt ans d'épreuve ont convain-
cus d'inutilité.

Tout plan de police en ce genre doit être
adapté à l'étendue du territoire & à la forme
du Gouvernement. Il y a tel moyen qui eſt pratiquable dans un petit Etat & qui ne l'eſt pas
dans un grand, qui eſt excellent dans une Ré-
publique & qui ſeroit ſans effet dans une Mo-
narchie. Sans entrer dans le détail des raiſons de
différence, il eſt facile de ſentir que les Répu-
bliques de Hollande ou de Genève peuvent
prendre, contre la mendicité, des précautions
qui ne réuſſiront jamais en France.

Il ne faut donc pas s'attacher aux projets qui
ſemblent les plus beaux dans la ſpéculation ;
mais chercher un moyen qui ſoit pratiquable
& durable dans l'exécution.

Il ne faut pas confondre la qualité de Vaga- Diſtinction & différence entre les Vagabonds & les Mendiants. bonds avec celle de Mendiants. Ce ſont deux choſes fort diſtinctes par elles-mêmes , & très-ſouvent ſéparées dans le fait. *Les Vagabonds ſont ceux qui n'ont ni profeſſion , ni métier , ni* Déclar. de 1701 , art. 2. *domicile certain , ni bien pour ſubſiſter , & qui ne ſont avoués & ne peuvent faire certifier de leurs bonnes vies & mœurs par perſonnes dignes de foi.* Parmi eux il y en a qui ne vivent que de ra-pines , d'autres joignent l'état de voleurs à ce-lui de Mendiants , d'autres ſe contentent de mendier , & plût à Dieu qu'il n'y en eût que de cette eſpèce.

Il y a une infinité de Mendiants qui ſont do-miciliés , qui ont une demeure , une famille ; ils rempliſſent nos Villes où les Vagabonds font peu de ſéjour , ils occupent les Egliſes , les Places , les rues ; quelques-uns s'emparent d'un poſte qu'ils ne quittent point , & dont ils chaſ-ſent les autres ; d'autres vaguent indifféremment par toute une Ville. Preſque tous vivent contens & tranquilles dans un Etat dont ils ſe trouvent bien : car tout eſt habitude , & celle de vivre ſans rien faire eſt très-facile à contracter , & très-douce à entretenir. La défenſe de leur don-ner l'aumône à peine de 50 livres portée en la Déclaration de 1700 n'a jamais été exécutée , & n'eſt pas de nature à l'être ; tant qu'il en reſtera ſous nos yeux , la commiſération por-tera toujours à les aſſiſter , & ce ſentiment d'humanité ne peut être l'objet d'une punition.

Les Mendiants qui déſolent nos campagnes ſont preſque tous des Vagabonds. Si on y voit des Mendiants domiciliés , ce ſont des gens in-firmes , âgés , & pour la plus grande partie des enfans dont les pere & mere font chargés de famille. On leur donne volontiers parce qu'on les connoît. Mais on ne voit point de Mendiants domiciliés valides, un homme du pays en état de travailler n'oferoit mendier, & ne recevroit rien.

Cette diftinction entre les Vagabonds & les Mendiants eft d'autant plus effentielle, que les mefures qu'on peut prendre contre les uns & contre les autres, doivent être différentes & relatives à la qualité. Les Mendiants domiciliés ne font pas fi difficiles à contenir que les Vagabonds, ils tiennent à quelque chofe, la Loi trouve prife fur eux. Ils font bien moins à charge & moins dangereux, & à tous égards ils doivent être traités moins rigoureufement que les Vagabonds. Ceux-ci font abfolument indépendans & ont fecoué tout joug, ils méritent toute la févérité des Loix. La peine eft comme un poids qui ne peut faire d'effet qu'autant que fa pefanteur eft proportionnée à la réfiftance. Une peine légere ne fait que glifler fur ces ames dures, féroces, intraitables, & ne les ébranle pas. La fuftigation n'eft pour ces gens-là qu'un quart d'heure défagréable, la peine de la réclufion pour deux ou trois mois leur paroît peut-être plus forte, parce qu'elle eft plus longue, celle du banniffement, (& c'eft la feule que les Tribunaux prononcent aujourd'hui,) eft pour eux une Sentence d'élargiffement & une grace. La peine prononcée pour la récidive n'a jamais lieu, nous en avons expofé les raifons. La conclufion néceffaire eft qu'on ne peut les réduire que par un châtiment qui les mette hors d'état de continuer.

Quel moyen croyons-nous donc devoir pro- *La condam-* poser pour couper dans fa racine un mal fi *nation aux galeres à per-* grand, fi invétéré, fi redoutable, le voici. *La* *pétuité eft la* *condamnation aux Galeres à pepétuité pour les Va-* *feule peine* *gabonds ;* c'eft-à-dire, pour tous ceux de la qua- *efficace con-* *tre les Vaga-* lité portée en l'Article II de la Déclaration de *bonds.* 1701, foit qu'il y ait preuve qu'ils aïent men- dié ou non. En effet, les Loix n'ont jamais exigé pour qu'on pût arrêter un Vagabond, qu'il fût trouvé mendiant, fon état eft fon crime, & un crime habituel qui fait la matiere de la condamnation. La mendicité n'y ajoute rien de plus, car c'eft le moindre mal qu'un Vagabond puiffe faire, puifque dès qu'il ne veut pas travailler, il faut pour vivre qu'il vole ou qu'il mendie.

Si on s'attendoit à trouver ici quelque projet neuf & fingulier fur cette partie de l'adminiftra- tion intérieure, on fera peut-être étonné de la fimplicité du moyen que je propofe : on dira qu'il ne m'a pas fallu faire un grand effort pour l'imaginer. L'effort eft d'autant moindre, que *Ce moyen* je ne propofe rien de nouveau. La peine des *n'eft pas nou-* galeres à perpétuité eft prononcée contre les *veau. La Dé-* *clarat. du 28* Vagabonds par une Déclaration de Louis XIV, *Janv. 1687 a* du 28 Janvier 1687. Cette Loi n'a jamais été *déja pronon-* révoquée, mais feulement obfcurcie & comme *cé cette pei-* *ne.* oubliée dans la foule des Réglemens poftérieurs. Les Juges étoient dans le cas d'y revenir d'eux- mêmes, & de prononcer en conformité dès qu'ils ont vû que les mefures prifes par les Dé- clarations de 1700 & de 1724, ne pouvoient plus avoir d'exécution, par la ceffation des ouvrages publics, & la fouftraction des fecours accordés aux Hôpitaux. Il ne s'agit donc que

de remettre cette Loi en vigueur, en y ajoutant les mesures nécessaires pour en assurer
l'effet.

Examen &
discussion de
la Déclar. de
1687. Mais comme cette Loi, ainsi que bien d'autres, n'a jamais eu d'exécution ou n'en a eu
qu'une passagere, examinons-la de nouveau,
comme s'il s'agissoit de la proposer pour la premiere fois.

La condamnation eux Galeres à perpétuité
paroît d'abord un moyen bien violent, il l'est
en effet, si on le compare à l'état actuel, c'est-
à-dire, à l'impunité entiere dont jouissent les
Vagabonds, au grand détriment de la Société.

Mais si le désordre est porté à l'excès, peut-
on le réprimer sans employer des moyens pro-
portionnés ? Si le mal est extrême, peut-il être
guéri par des remedes doux, par de simples injonctions ? Si ceux qu'on a apportés jusqu'ici
ont été inutiles, n'en doit-on pas chercher de
plus efficaces.

Doit-on re-
garder cette
peine comme
trop forte. On conviendra aisément de l'efficacité de la
peine portée par la Déclaration de 1687 :
voyons si on doit la regarder comme trop
forte. Cette objection est d'autant plus impor-
tante à discuter, qu'elle est la seule qu'on puisse
proposer.

J'examinerai d'abord en elle-même la nature
du délit dont il s'agit, & je prouverai que la
peine est dans une juste proportion avec le
crime. 2°. Je considérerai la peine par rapport
au caractere des coupables. 3°. Par rapport à la
qualité des coupables. 4°. Par rapport à l'intérêt de la Société : enfin je ferai voir que cette
peine, bien loin d'être trop rigoureuse, est salutaire à tous égards.

I. Il doit sans doute y avoir des dégrés dans les peines comme il y en a dans les crimes. Aussi les grands crimes sont punis de mort : & il en est que les Loix punissent du dernier supplice, quoiqu'ils ne paroissent pas mériter la mort par leur gravité intrinséque, tels que le faux en certains cas, le vol domestique, &c. La sûreté des Citoyens a paru exiger cette rigueur. *Salus populi suprema lex esto.* Mais entre la mort naturelle & les peines légeres, il doit y avoir une peine intermédiaire, & cette peine sont les Galeres.

Nature du crime dont il s'agit, tant en lui-même que dans ses suites.

Il ne faut pas envisager le désordre dont il s'agit comme une faute simple de libertinage & de dissolution, comme l'effet d'une légereté de jeunesse semblable à celle qu'on puniroit dans un jeune homme de famille, par une reclusion de six mois à Saint Lazare. Ce désordre a des racines plus profondes & des suites bien plus funestes. Il est l'effet de l'oisiveté choisie avec réflexion par un homme qui n'a que son travail pour subsister.

Or l'oisiveté est la mere de tous les vices : mais elle en produit de différens suivant l'espéce des gens. Elle mène au simple libertinage de mœurs & de conduite un homme qui a eu une certaine éducation : elle entraîne aux plus grands crimes un homme qui n'en a point eu. Elle porte celui-la à dissiper son bien, à faire des bassesses qui le deshonorent, souvent ensuite à travailler pour réparer les fautes de la prodigalité : elle force celui-ci à fonder sa subsistance sur le travail des autres, à leur arracher avec violence le pain de la main, à mettre le public à contribution. Elle conduit le premier à perdre les plus belles années de sa vie, à devenir inutile à lui-même & aux autres, à contracter une alliance honteuse, enfin à un dérangement dont il est seul puni, mais dont la Société souffre moins que lui. Dans le second elle produit une débauche excessive, une dissolution effrénée, souvent une disposition habituelle au vol, au meurtre & à tous les crimes : elle éteint en lui tout vestige de raison & d'humanité, & ne lui laisse pour motif de conduite que l'insolence, la brutalité, l'esprit des rapine & de concussion, elle le rend le fléau public & l'ennemi de la Société.

Aussi toutes les Loix ont regardé l'état de Vagabond comme contenant un délit grave & non une faute simple. C'est à ce titre qu'elles l'ont puni du fouet, de la flétrissure, des galeres : elles ne sont insuffisantes que parce qu'elles se sont écartées de la Déclaration du 28 Janvier 1687, qui avoit prononcé les galeres à perpétuité dès la premiere contravention (1).

En effet, un Vagabond est l'ennemi de la Société par état, il est en guerre avec tous les Citoyens, il leur enleve leur subsistance, il ne vit que de butin. N'est-ce donc pas un crime de lever des contributions sur les Peuples, & parce que ces contributions se levent sous l'ap-

---

(1) *Nota.* L'Ordonnance de Blois, Art. 360, défend à tous Cabaretiers de recevoir en leurs maisons gens sans aveu plus d'une nuit *sur peine des Galeres*, & leur enjoint sur pareille peine de les venir révéler à Justice. Quelles peines ne méritent donc pas des gens contre lesquels la Loi a cru devoir prendre des précautions si séveres.

parence d'aumône , en font-elles moins un véritable vol , & une exaction arrachée par la
crainte ? Quel préjudice n'est-ce pas faire à un
Laboureur, de lui faire payer tous les ans
100 livres , 200 livres , 300 livres en distributions forcées.

On peut dire avec vérité que ceux qui re-
garderoient la peine des galeres à perpétuité
comme trop forte, n'ont jamais été témoins des
maux incroyables que caufent les Vagabonds ,
& n'ont pas affez réfléchi fur les fuites funeftes
qui en réfultent ; perte pour l'Etat de tous les
Sujets que la contagion de l'exemple & l'impunité entraînent dans cette vie coupable ; contributions levées fur les campagnes qui forment
une furcharge terrible , font difparoître le peu
d'aifance qui pourroit y refter , & rendent les
tailles fi difficiles à percevoir , incendies fréquens de taillis , de granges , de maifons, vols
de toute efpéce & affaffinats.

Il y a entre le crime d'un Vagabond & ceux
que la Loi punit du dernier fupplice , une différence remarquable. Un homme qui a toujours
vécu avec probité peut tuer dans un accès de
colere , peut fuccomber à la tentation de voler. Il eft probablement fûr qu'il ne fera jamais
tenté de commettre le même crime deux fois
en fa vie. Le crime d'un Vagabond, au contraire , n'eft pas le crime d'un moment, c'eft
un délit réfléchi , continu & habituel. Ce n'eft
prefque que parmi eux que l'on trouve des
voleurs & des affaffins de profeffion. Cependant ce crime eft traité avec une indulgence
qui lui eft particuliere. Tout autre criminel eft
puni rigoureufement dès qu'il tombe entre les

Différence entre ce crime & les autres.

mains de la Justice. Ni ses larmes, ni son re-
pentir, ni vingt années passées depuis dans l'innocence ne peuvent le justifier. Un Vagabond,
au contraire, s'expose volontairement à la peine:
il est toujours le maître de s'y soustraire en quit-
tant cet état : quand il l'auroit continué pendant
vingt ans, dès qu'il y renonce, il cesse d'être
coupable aux yeux de la Loi, qui ne voit plus
en lui qu'un Citoyen. Cette facilité d'éviter
la peine n'est-elle donc pas une raison pour la
prononcer plus sévere. Cette raison est d'autant plus forte, que la menace d'une peine
sévere suffit pour faire disparoître les coupables.

La peine dont il s'agit est dans une exacte pro-portion avec ce crime. La peine des galeres à perpétuité est dans
une exacte proportion avec le crime. Il est juste
de forcer au travail un homme qui ne peut
vivre qu'en travaillant, & qui veut vivre aux
dépens des autres sans rien faire. Il est juste
de lui ôter sa liberté dont il a abusé, de le retrancher de la Société à laquelle il est nuisible.
La Société ne perd pas un Citoyen en sa
personne, elle se délivre d'un ennemi, & elle
recouvrera des Citoyens dans tous ceux que la
sévérité de la peine détournera de continuer
ou d'embasser cet état.

Elle sera in-suffisante si on l'a réduit à tems, au lieu de la pro-noncer per-pétuelle. Si par une suite de cette indulgence démesu-
rée dont on a usé envers eux depuis si long-
tems, on veut modérer la peine portée par la
Déclaration de 1687, & la réduire à tems au
lieu de la prononcer perpétuelle, on manquera
tout le fruit de la Loi, & son effet le plus avan-
tageux.

1°. Les Vagabonds ne craindront plus d'ê-
tre arrêtés par les gens de la campagne, qui n'o-

feront certainement pas le faire tant qu'ils ne
feront pas assurés d'en être délivrés pour toujours. On craindra avec raison qu'ils ne reviennent & ne se vangent cruellement de ceux qui
les auroient arrêtés. Les Vagabonds n'auront
donc plus que la Maréchaussée à craindre. Or
la Maréchaussée ne peut y suffire : elle n'est ni
assez nombreuse, ni assez payée pour cela. Quelque zele qu'on lui suppose dans les premiers mo-
mens, toute activité est sujette à se rallentir
avec le tems, c'est un défaut attaché à l'humanité. Les Tribunaux n'ont point d'inspection sur
les Maréchaussées : elles dépendent immédiate-
ment du Ministre à qui des soins multipliés &
de la plus grande importance, ne permettent
pas d'éclairer tous les détails de l'éloignement
où il est placé. Voilà donc les Vagabonds rassu-
rés par l'espérance d'échapper aux recherches.
Très-peu quitteront leur état, c'est-à-dire que
la Loi n'atteindra pas son but, qui doit être
non de punir, mais d'empêcher qu'il n'y ait des
coupables, & d'arrêter le crime. Soutenus par
l'attente d'un tems plus favorable, beaucoup
pourront pendant quelques mois se dérober
aux poursuites, & reparoîtront dès qu'ils croi-
ront l'ardeur des Maréchaussées ralentie.

2°. La crainte d'une peine passagere n'est pas
suffisante pour les contenir, Elle pourra en diminuer le nombre, mais non en éteindre la
race. Ce seront précisément les plus détermi-
nés & les plus dangereux qui resteront. S'ils
ne voyent pas jour à mendier avec la même
sûreté, ils deviendront Voleurs de profession.
Les Vagabonds ont embrassé cet état pour
toute leur vie, il faut leur faire envisager une

perspective qui ait la même durée; plus courte, elle leur laisseroit appercevoir le terme de la peine & la possibilité de recommencer.

3°. Un petit nombre de condamnations à perpétuité suffira pour les intimider tous & les faire disparoître. Si on les prononce à tems, il faudra faire beaucoup plus d'exemples, parce que les exemples auront d'autant moins d'efficace que la peine sera moindre. L'indulgence aboutira à prononcer un châtiment moins rigoureux à la vérité, mais à le prononcer contre un bien plus grand nombre. La peine gagnera en étendue ce qu'elle perdra de force.

4°. Dès que les Vagabonds ne seront plus que pour un tems aux galeres, on ne pourra les marquer qu'à l'épaule, & non au front ou à la joue comme nous le proposerons ci-après; par conséquent l'État n'aura plus la même facilité pour les employer où il jugera à propos, ils seront en bien plus grand nombre, & on ne pourra pas en tirer les mêmes services.

II. La peine dont il s'agit doit être considérée non-seulement par rapport à la nature du crime, mais aussi par rapport au caractere des coupables. Des injonctions, des menaces, une punition légere, une honte salutaire peuvent faire rentrer en lui-même un homme qui n'est que libertin, & réveiller en lui des sentimens qui ne sont qu'assoupis. Faites cesser le tumulte des passions, il rougira de lui-même. Ces mêmes moyens sont trop foibles pour corriger un homme qui a secoué tout joug, & ne connoît d'autre bonheur qu'une vie oisive, brutale & indépendante. Qu'on nous passe le terme, c'est une bête féroce qu'on ne peut apprivoiser à

Examen de cette peine par rapport au caractere des Coupables.

un certain âge par la douceur, ni réduire par des châtimens légers; on ne parvient à la dompter qu'en la mettant à la chaîne. Mais il lui reste assez de raison pour craindre la menace & éviter la peine. Il faut en profiter en la prononçant assez forte pour l'intimider. C'est sous ce point de vue le seul vrai en général qu'il faut envisager les Vagabonds.

III. Il faut encore considérer la peine dont il s'agit par rapport à la qualité des coupables. Un homme d'un certain rang est sensible à l'admonition, encore plus à la peine du blâme. *Par rapport à la qualité des Coupables.* Le fouet, le carcan font impression sur un homme du peuple, mais domicilié, qui a une famille, des connoissances, un état, un commerce, des relations. Le bannissement est pour lui une peine des plus séveres; car elle le dépouille de tout ce qu'il possede, elle l'arrache aux liens les plus légitimes & les plus chers. Mais un Vagabond est un homme qui n'a ni famille, ni bien, ni état, ni honneur à perdre, & par conséquent qui ne peut être touché des châtimens qui affectent plus la réputation que la personne. Privé de tous les rapports qui constituent le Citoyen, renfermant tout son être en sa personne, il n'a au monde que sa liberté qu'on puisse lui enlever; il ne donne prise que de ce côté-là; tant que vous l'attaquerez par un autre endroit, vous le trouverez invulnérable. Les galeres ne sont une peine pour lui que parce qu'on lui ôte la liberté, & qu'on le force au travail. La mort civile qui dans cette condamnation nous frappe davantage, est pour lui la moindre partie de cette peine. Qu'importe à un Vagabond de mourir civilement, a-t-il un état à perdre, un honneur à conferver, des biens dont il puiffe difpofer? Il ne connoît que la vie naturelle, elle eft pour lui tout ce qu'il poffede. La mort civile eft donc à fon égard une peine imaginaire, qui n'ayant rien de phyfique, n'a rien de réel, qui ne peut ni l'intéreffer, ni l'affecter; c'eft pour lui un mot vuide de fens dont il n'eft pas même à fa portée de comprendre l'effet. La condamnation aux galeres ne lui ôte pas proprement la qualité de Citoyen, il s'en eft dépouillé volontairement. Mais la menace de cette peine eft capable de la lui faire reprendre.

Par rapport à la famille des Coupables. Peut-être nous objectera-t-on que fi un Vagabond ne mérite perfonnellement aucun égard, fa famille peut en mériter, & qu'elle fera defhonorée par la condamnation aux galeres.

Mais, 1°. la famille l'ignorera prefque toujours. Un Vagabond ne fe fait guère prendre dans fon pays; & pour peu qu'il y ait d'éloignement, fa condamnation eft ignorée : on le croyoit mort, on le croira encore : il arrivera donc rarement que la famille en foit deshonorée.

2°. Cela pourra cependant arriver; mais les Loix font générales, & ne peuvent entrer dans ces fortes de confidérations particulieres. Si celle-ci fuffifoit pour empêcher la punition des crimes, elle fe préfenteroit toujours pour défarmer le bras de la Juftice.

3°. Cette confidération fe préfente bien plus fouvent dans la punition des autres crimes. Les domiciliés ont une famille connue, qui fouvent
                              mériteroit

mériteroit bien des égards, qui feroit tout
pour se délivrer d'un opprobre. Les Vagabonds
d'ordinaire n'ont point de famille, ils n'entre-
prennent point de la reclamer, ils n'appartien-
nent à personne, ils ne sont avoués de personne.
Jamais la Loi n'aura moins à craindre de flétrir
les familles que lorsqu'elle proscrira les Vagabonds.

Si l'Accusé n'a embrassé l'état de Vagabond
que depuis peu de tems, s'il rend un bon
compte de sa conduite précédente, s'il donne
des enseignemens qui fassent connoître sa famille, & qu'elle l'avoue & le reclame, en ce
cas il ne sera pas déclaré Vagabond, ni puni
comme tel. Il convient de laisser une certaine
étendue à l'arbitrage des Juges pour les mettre
en état de faire ce discernement. L'habitude où
ils sont de juger des Vagabonds, leur fera très-
bien distinguer ceux qui n'ont pris cet état que
par une légéreté de jeunesse, de ceux qui l'ont
pris déterminément & pour toujours. Ils ne
pécheront jamais à cet égard que par trop d'indulgence.

IV. Enfin il faut considérer la peine dont il
s'agit par rapport à l'intérêt de la Société. Or
son intérêt doit être envisagé sous deux rapports; si on le considere d'une maniere princi-
pale & directe, il se borne à exiger que la Société soit délivrée d'un homme dangereux : elle
est satisfaite à cet égard pourvu qu'on le mette
hors d'état de nuire. La mort naturelle que les
Loix prononcent en certains cas, n'ajoute rien
à la sûreté qu'exige la Société sous ce premier
rapport.

Mais elle a dans la punition des crimes qui

*Par rapport
à l'intérêt de
la Société.*

D

l'attaquent, un intérêt secondaire qui influe puissamment sur le degré de la peine; c'est celui de contenir par des exemples, & d'intimider par la publicité & la sévérité des châtimens.

Quand même la peine des galeres à perpétuité paroîtroit trop forte sous le premier rapport, elle ne le seroit pas sous le second; mais elle est également nécessaire sous l'un & sous l'autre pour la sûreté de la Société. Elle l'est sous le premier, parce que les Vagabonds ne peuvent être reprimés que par une peine qui les mette hors d'état de nuire, ou qui les intimide assez pour les forcer de quitter cet état. Elle l'est *à majori* sous le second, parce qu'il n'y a que l'exemple d'un châtiment sévere qui puisse arrêter le cours de ce désordre le plus contagieux de tous. Qu'il nous soit permis de l'observer : un Contrebandier est puni des galeres; quelle proportion y a-t-il entre son crime & celui d'un Vagabond, entre l'intérêt des Fermiers & celui de la sûreté publique ? Nous n'insistons pas sur le parallele.

Cette peine, bien loin d'être trop rigoureuse, est salutaire.

V. La peine des galeres à perpétuité, considérée sous tous ces rapports, n'est donc pas trop rigoureuse; il y a plus, elle est salutaire à tous égards, & c'est la sévérité seule qui la rend salutaire *pour le présent & pour l'avenir.*

Pour le présent.

Elle est salutaire *pour le présent.* Son effet indubitable sera de faire disparoître les Vagabonds en trois mois de tems, non par le nombre de ceux qui seront effectivement envoyés aux galeres, mais parce qu'ils prendront presque tous le parti de quitter un état qu'ils verront n'être plus praticable. On en arrêtera un certain nombre dans les commencemens, parce qu'accoutumés depuis longtems à regarder les Loix qu'on publie contr'eux comme des menaces fans effet, & les peines dont on les châtie comme un jeu, ils refteront pendant quelque tems dans la fécurité où ils vivent.

Mais dès que dans chaque Généralité on en aura envoyé 20 ou 30 aux galeres, dès qu'ils verront que les habitans de la campagne les arrêtent, bien loin de les craindre, ils fentiront qu'il n'y a plus à balancer, & qu'il vaut mieux travailler de bonne volonté que par force ; ils verront qu'on en veut à leur liberté : & leur liberté leur eft d'autant plus chere, qu'elle eft le feul bien qu'ils poffedent, & qu'ils ont toujours vêcu dans une indépendance abfolue ; ils folliciteront de l'ouvrage comme une grace, feront baiffer par-tout le prix de la main-d'œuvre, & deviendront auffi foumis qu'ils font infolens aujourd'hui.

Doit-on craindre de facrifier au repos des campagnes, à la sûreté des Cultivateurs, à la tranquillité intérieure du Royaume, trois ou quatre cens de ces miférables, dès que par cette peine falutaire, on en rend peut-être cinquante mille à la Société, & aux travaux de l'agriculture & de l'induftrie ?

Craint-on que cette punition n'en faffe paffer une partie à l'Etranger ? Mais qu'importe de quelle maniere on en foit débarraffé ; font-ce des Sujets précieux & dont on doive regretter l'émigration ? Si quelques-uns prennent ce parti, ils ne trouveront peut-être pas ailleurs la même impunité qu'en France : ils ne tarderont pas à revenir ; tout François a l'efprit de retour, & ils reviendront Citoyens.

Pour l'avenir, cette peine fera également falutaire. Il ne fe formera plus de Vagabond, la
race en fera retranchée pour toujours. C'eft l'impunité qui les multiplie, & il n'y aura plus lieu
de l'efpérer fi l'on adopte les mefures que nous
allons propofer. C'eft la contagion de l'exemple qui les perpétue, & l'exemple du défordre
fera fupprimé pour faire place à celui du châtiment. C'eft la fûreté dont ils jouiffent qui les
raffure, & cette fûreté fera changée en la cer-
titude d'être arrêté & puni. C'eft la crainte
qu'ils infpirent qui les enhardit, & cette crainte
qu'ils font aujourd'hui marcher devant eux, re-
tournera fur eux, paffera dans leur ame, &
détournera de cette vie coupable quiconque
auroit été tenté de l'embraffer. Les habitans de
la campagne qu'ils vexent avec tant d'infolence, qu'ils pillent, qu'ils menacent, qu'ils font
trembler & obéir, feront pour eux autant d'ennemis qui les feront fuir. Un mot du Souverain
fuffit pour opérer ces miracles: qu'il parle, mais
qu'il parle non comme à des Sujets qui écou-
tent avec refpect la voix chérie du Maître,
mais comme à des Rebelles qui n'entendent que
la voix qui les menace, & ne font fenfibles qu'au
châtiment.

La peine de mort dont les Loix puniffent les
Vagabonds, Voleurs & Affaffins, n'empêche
pas aujourd'hui que ces crimes ne foient très-
fréquens; & cela par deux raifons. La premiere, c'eft que les Coupables efperent n'être
pas découverts, ils fe cachent dans la foule des
autres Vagabonds. La feconde, c'eft qu'on ne
peut arrêter efficacement ces grands crimes,
qu'en allant à la racine du mal & en profcri-

vant un état qui les facilite & qui y conduit. La peine des galeres contre tous les Vagabonds fera tout autrement efficace: elle tarira la source des crimes.

Il fe commet peut-être tous les ans dans le Royaume, par des Vagabonds, 200 affaffinats; c'eft en un fiecle vingt-cinq mille Citoyens enlevés à la Société. Si on exécute tous les ans 60 ou 80 Vagabonds auteurs de ces affaffinats, de vols ou d'incendies, c'eft encore 6 ou 8 mille Sujets que l'Etat perd. La punition de 50 Vagabonds qu'on eût envoyés tous les ans aux galeres, eût épargné tous ces crimes & confervé la vie à tous ces Citoyens. Telles font les fuites terribles d'une funefte indulgence: tel fera l'effet d'une févérité vraiment falutaire.

Je crois avoir fuffifamment prouvé que la peine des galeres à perpétuité n'eft pas trop rigoureufe, qu'elle eft proportionnée au crime, néceffaire pour la sûreté de la Société, falutaire à tous égards, & que la Déclaration de 1687, en la prononçant, a pris le feul moyen capable d'arrêter le défordre dont il s'agit. Peut-être fera t-on effrayé de la quantité des Vagabonds, & craindra-t-on que l'Etat ne fe trouve furchargé par un trop grand nombre de Galeriens. *Moyens de tirer du fervice des Galeriens.*

Mais la plus grande partie des Vagabonds évitera ce châtiment, en cherchant férieufement un emploi. D'ailleurs l'Etat tire des fervices de leur travail. On les diftribue dans les divers Départemens de la Marine, & ils ne manquent pas d'ouvrage.

Si on trouve en avoir trop pour le fervice de la Marine, il eft facile de les occuper autre- *Maniere dont on doit les regarder.*

D iij

ment ; car il eſt toujours utile d'avoir des hommes, il ne s'agit que de les employer. On doit les regarder comme étant acquis à l'Etat par leur condamnation, & lui appartenant ainſi que des Eſclaves à un Maître. Fut-il jamais un titre plus légitime pour établir la ſervitude. L'Etat peut donc les occuper à tel ouvrage qu'il jugera à propos, & en diſpoſer comme de ſa choſe. Les Juges prononceront toujours la peine des galeres, & cette peine ſera cenſée accomplie par l'emploi & la diſpoſition qu'il plaira au Roi d'en faire (1).

Néceſſité de les marquer au front ou à la joue, pour éviter les déſertions.

L'eſſentiel eſt de les empêcher de s'évader, & pour cela il eſt un moyen ſûr qui diſpenſera de les garder avec tant de dépenſe. Il ne s'agit que de les marquer au front ou à la joue de la lettre G ; au lieu de les marquer à l'épaule, d'ordonner la peine de mort contre quiconque ſera rencontré ailleurs qu'à ſon poſte, en permettant à tout le monde de les arrêter, & de preſcrire la procédure qu'on doit tenir pour conſtater la déſertion & appliquer la peine. L'inſtruction doit être très-courte & très-ſimple, comme celle qui ſe fait pour condamner à mort les Déſerteurs.

---

(1) *Nota.* L'idée d'eſclavage ſous laquelle nous préſentons les Galeriens, eſt priſe dans la nature même de la peine & en eſt inſéparable. C'eſt ce que les Anciens appelloient *ſervus pœnæ.* Si nous développons cette idée, ce n'eſt donc pas pour expliquer l'effet de la condamnation qui eſt conſtant, mais ſeulement pour ouvrir des moyens ſimples de tirer des Galeriens un ſervice utile. Ce n'eſt pas la maniere dont on les employera qui les rendra Eſclaves, c'eſt la condamnation qui le fait néceſſairement.

En effet dès que les Vagabonds, par la condamnation aux galeres, font confifqués au profit du Roi, ils ne font plus dans l'ordre des Citoyens, ils n'ont plus d'être civil, les Loix n'ont plus rien à ftatuer à leur égard ; c'eft au Roi à en difpofer & à s'en fervir de la maniere la plus utile. Les peines qu'il peut ordonner pour les contenir dans le devoir, pour empêcher les révoltes & les défertions, ne font plus dans l'ordre des peines judiciaires. Sous un autre point de vue, elles rentrent dans l'ordre des peines militaires, dont on peut tirer un exemple d'autant plus frappant, que les deux états font plus difproportionnés d'ailleurs. Un Soldat déferteur eft puni de mort, & quelle comparaifon entre la défertion d'un Soldat qui s'eft enrollé volontairement, & celle d'un homme devenu ferf de la peine & acquis à l'Etat en propriété ? Dans une armée, un mot de l'Officier qui commande a force de loi ; l'infraction d'une défenfe promulguée à la tête du camp, eft punie fans délai & fans formalités, parce que le maintien de la difcipline & de l'obéiffance exige un châtiment prompt & févere. Faudra-t-il donc prendre plus de précautions & employer plus de formalités pour punir un Galerien. Si le Soldat, homme refpectable par fa qualité de Citoyen, & encore plus par celle de Défenfeur de la Patrie, eft affujetti à un commandement fi auftere & fi abfolu, doit-il paroître trop dur pour un homme que la Société a rejetté de fon fein ? La néceffité de la difcipline eft la même de part & d'autre, & la différence des perfonnes met entre les deux un intervalle immenfe.

Ce moyen auffi fimple que légitime, affure
l'exécution des jugemens de la maniere la plus
précife, & permet d'employer les Galeriens
hors des Départemens de la Marine par-tout
où l'on voudra fans craindre les défertions. On
peut s'en fervir pour exploiter des mines, creu-
fer des ports, conftruire des canaux pour porter
la circulation & la vie dans certaines Provinces. On peut en accorder un certain nombre à
des Entrepreneurs d'ouvrages publics ; ils feront chargés de les nourrir, entretenir & garder, & de les repréfenter à des Infpecteurs.
On peut auffi en employer à la confection
des chemins. Quel avantage fi l'on pouvoit
par ce moyen diminuer le nombre des corvées, & faire fervir au foulagement des campagnes les Vagabonds qui en font aujourd'hui
le fléau.

On peut auffi en faire paffer aux Colonies.
Mais qu'il me foit permis d'obferver que les
envois qui ont été faits des Vagabonds aux Colonies, n'ont pas réuffi ; 1º. parce qu'on les a
fait tranfporter par entreprife ; les gens qui en
ont été chargés, en ont beaucoup laiffé périr
dans la traverfée faute de foin, & parce qu'ils
en ont placé un trop grand nombre fur chaque
Vaiffeau ; 2º. ceux qui font arrivés n'ont pas
été fuffifamment fecourus d'outils & de vivres
pour être en état d'attendre la recolte ; 3º. on
leur a laiffé leur liberté, & ils s'en font fervi
pour défoler les habitans du Pays. Il femble que
fi on vouloit en envoyer de nouveaux aux Colonies, ils devroient y être occupés comme en
France à des travaux publics ; on pourroit auffi
en concéder à des Propriétaires d'Habitation

qui voudroient entreprendre des défrichemens; leur intérêt feroit de les conferver comme leur propre bien.

Au refte, on doit être perfuadé que la févérité de la peine diminuera confidérablement le nombre des Coupables, très-peu s'expoferont à être condamnés aux galeres; & on ne manquera pas affurément de leur trouver de l'emploi en France (1).

La Déclaration du 28 Janvier 1687, prononce contre les femmes la peine du fouet, de la flétriffure & du banniffement. Je crois devoir obferver qu'outre l'infuffifance de cette peine que nous avons affez établie, le banniffement a des inconvéniens particuliers par rapport aux femmes. Que deviendra une femme que l'on bannit, où ira-t-elle, elle n'a pas les mêmes reffources que les hommes pour trouver du travail ? Il n'y auroit, ce femble, d'autres peines à prononcer contre les femmes que le fouet, la flétriffure & la réclufion à perpétuité ; mais où les enfermer ? Il n'eft pas douteux que dans les Pays d'Etats où les Provinces ont des deniers publics, elles ne pourroient en faire un emploi plus utile que d'établir, fous les ordres

Peine à prononcer contre les femmes.

---

(1) Si le Gouvernement, comme on l'annonce depuis quelque tems, étoit dans la difpofition de changer la peine de mort prononcée contre les Soldats déferteurs, on pourroit adopter la peine des galeres à perpétuité ; on en tireroit les mêmes fervices que des Vagabonds, en prenant, pour empêcher la défertion, les précautions que nous avons indiquées. L'Etat y gagneroit un très-grand nombre d'hommes qui font perdus pour lui ; & une peine dont on a continuellement l'exemple fous les yeux, eft peut-être plus efficace que la peine de mort.

du Gouvernement, des Maisons de Force où on renfermeroit toutes ces femmes ; on les occuperoit à des travaux de main d'œuvre, & dès que les frais de l'établissement seroient faits, il est certain que l'émolument seroit considérable. En attendant on ne pourroit les enfermer que dans les Hôpitaux des Villes. Or ils sont remplis par les Pauvres du Canton, & ils ne sont pas construits pour être des Maisons de Force. D'ailleurs, n'y a-t-il pas à craindre que les Hôpitaux n'en soient surchargés ? Les Administrateurs péchent toujours par trop de bonté & de commisération ; ils n'ont à gouverner que des vieillards ou des enfans, ils ne sçauront pas contenir ces femmes, & les faire travailler comme on feroit dans des Maisons de Force.

Cette considération porteroit à penser qu'on pourroit se contenter du bannissement pour les femmes : quoique par des raisons particulieres cette peine ne convienne pas pour les femmes, relativement à l'intérêt de la Société, il y a moins d'inconvénient à les bannir qu'à bannir les hommes. Lorsque la crainte des galeres à perpétuité aura détruit les Vagabonds, les femmes se dissiperont nécessairement, elles n'iront pas seules continuer ce genre de vie : elles sont d'ailleurs moins à craindre ; tant qu'elles seront avec les hommes, elles les rendront plus méchans qu'ils ne sont, elles les animeront aux grands crimes ; mais elles ne s'y porteront pas quand elles seront seules, & n'oseront les entreprendre.

Ne pourroit-on pas concilier ensemble ces deux considérations, borner à cinq ans la réclusion des femmes dans les Hôpitaux, & même permettre aux Juges d'élargir après un où deux ans, avec connoissance de cause, celles qui se seroient bien comportées pour le travail & l'o-béissance, & qui paroîtroient promettre pour l'avenir une meilleure conduite. Cette espé-rance les porteroit à travailler. Il est à propos que le Juge & le Procureur du Roi ayent ins-pection sur elles, & qu'ils se transportent au moins deux fois l'année à l'Hôpital, pour s'in-former de leur conduite & faire châtier celles qui le mériteront, sans préjudice de la correc-tion qui appartient aux Administrateurs.

Il ne s'agit plus que d'indiquer des moyens faciles pour parvenir à arrêter les Vagabonds, ainsi que les Mendiants valides dont nous par-lerons ci-après, *Divers moyens pour arrêter les Vagabonds.*

Les Maréchaussées d'abord y serviront : elles sont établies pour cet objet, & il faut espérer qu'elles feront ce qui est en leur pouvoir, lors-qu'elles auront des ordres précis du Ministre. Mais elles ne sont pas assez nombreuses pour parcourir continuellement la campagne, & être par-tout où il seroit nécessaire ; ce seroit une dépense considérable que d'en augmenter le nombre, & notre but est de ne rien proposer qui soit coûteux au Gouvernement. *Les Maré-chaussées.*

Les Gens de la campagne peuvent y sup-pléer ; ils sont tellement vexés & tourmentés par les Vagabonds, qu'on peut assurer le Gou-vernement qu'ils sont prêts à tout faire pour s'en délivrer, il ne s'agit que de les autoriser à les arrêter & à les conduire directement dans les Prisons de la plus prochaine Ville où il y a Présidial ; s'ils ne veulent pas aller si loin, ils peuvent les conduire au premier endroit où il *Les Gens de la Campa-gne.*

y a des Archers de Maréchauffée, & en retirer une décharge qu'ils remettront entre les mains du Syndic de leur Paroiffe.

Ils y font fans doute autorifés dès-à-préfent, tout le monde eft bon quand il s'agit d'arrêter un Vagabond; mais ils font actuellement opprimés par la crainte, & fouffrent dans le filence les plus grands excès, parce que les Vagabonds n'étant pas punis, on a tout lieu de craindre qu'ils ne reviennent & ne fe vangent cruellement de ceux qui les auroient arrêtés; mais dès qu'on fçaura qu'il n'y a plus rien à redouter de leur part, on s'empreffera de tous côtés de les arrêter, & on parviendra bientôt à les rendre auffi rares qu'ils font nombreux aujourd'hui.

Il eft à propos feulement d'ordonner que la Déclaration du Roi à intervenir, foit lue aux Prônes de toutes les Paroiffes. Qu'on fe rappelle avec quelle célérité furent arrêtés les Vagabonds, lorfqu'en 1759, au lieu de faire tirer les Milices, le Roi permit de prendre des Vagabonds pour faire les remplacemens; en un mois on en arrêta plus qu'il n'en falloit. Telle fera toujours la force & l'effet de l'intérêt; il y a beaucoup d'occafions où tout l'art du Gouvernement confifte à mettre ce grand reffort en action, & à le faire contribuer à l'exécution de fes deffeins; il ne fe trompera jamais lorfqu'il comptera davantage fur l'effet de cette paffion active, puiffante, infatigable, que fur l'attention & le zèle de fes prépofés. L'exécution du Projet fur la Mendicité que nous allons expofer, eft également fondée en grande partie fur le concours des intérêts particuliers.

Il est juste cependant d'accorder à ceux qui ameneront les Vagabonds & Mendiants valides, un salaire modique qui puisse du moins les indemnifer des frais de voyage. Vingt sols par lieue peuvent suffire ; ils seront acquittés sur le champ par le Domaine, comme le sont les frais de Témoins ; on ne payera que deux hommes pour en amener un. On donne une récompense de 10 liv. pour la tête d'un loup, un Vagabond est infiniment plus dangereux pour la Société. La somme qu'il en coûtera au Domaine ne sera pas bien considérable, la Maréchaussée en arrêtera de son côté qui ne coûteront rien, à moins que le Gouvernement, pour exciter les Archers à bien faire leur devoir, ne leur accorde une gratification pour chaque homme qu'ils ameneront en prison & qui sera jugé Vagabond. On doit d'ailleurs être assuré que la plûpart des Vagabonds & Mendiants valides se détermineront bien vîte à prendre de l'occupation, ce sera l'effet indubitable & prompt de la sévérité de la Loi. Enfin le Gouvernement gagnera d'un autre côté plus qu'il ne peut lui en coûter. Lorsqu'il n'y aura plus de Vagabonds, la source des crimes sera tarie, & l'Etat déchargé de la poursuite si coûteuse des procès criminels qui s'instruisent Prevôtalement. L'instruction des procès pour simple crime de Vagabond, n'est ni longue ni coûteuse ; dans tous les autres genres d'accusations, c'est au Ministere public à prouver, parce qu'il s'agit d'un fait qu'il faut établir ; ici c'est l'état même de l'Accusé qui fait la matiere de l'accusation : c'est à lui à prouver qu'il n'est pas Vagabond, à indiquer son domicile,

& à se faire avouer par des gens dignes de foi. Or c'est ce qu'un Vagabond n'entreprendra pas, il sçait qu'il ne peut y réussir, & il convient sur le champ de la vérité, ou dit qu'il s'en rapporte à Justice : il n'y a donc point d'informations à faire, & par conséquent ni recollement, ni confrontation ; tout se termine par l'interrogatoire & le jugement.

On peut prendre encore d'autres mesures pour arrêter les Vagabonds & Mendiants valides, car on ne sçauroit trop les multiplier quand on peut le faire sans dépense. Il y a des tems où les gens de la campagne sont tellement occupés, qu'ils auroient peine à quitter leur ouvrage pour amener les Vagabonds en prison : il s'en rencontre aussi qui sont timides, & qui n'oseroient les arrêter : pour y suppléer, on peut ordonner que le Seigneur, le Bailli & Procureur Fiscal s'ils résident, le Curé, le Syndic & les huit ou dix plus gros Taillables des Paroisses, s'assembleront & nommeront un Brigadier & deux Archers qui seront armés & chargés de prêter main forte à la premiere requisition d'un Habitant ou du Syndic, ils conduiront en prison ceux qu'ils auront arrêtés, ou qui l'auront été par d'autres personnes qui ne voudront pas les conduire. S'ils amenent des Mendiants domiciliés, ils apporteront par écrit le nom des témoins. Car dans un domicilié c'est la mendicité qui est l'objet de la peine. On préferera, pour les places d'Archer, ceux qui auront servi le Roi, ils seront modérés à la taille & exempts de corvée, & pourront, dans le tems de la récolte, faire une quête dans la Paroisse, on leur donnera volontiers. C'est un

moyen facile de multiplier à l'infini les Maréchauffées fans qu'il en coûte rien à l'Etat.

On doit s'attendre que dans les pays cou-
verts, les Vagabonds ne manqueront pas de fe
cantonner dans des bois, d'où ils attaqueront les
voyageurs, & iront la nuit voler dans les maifons écartées. Dans ce cas, le Syndic demandera une Brigade de Maréchauffée, qui ne
pourra lui être refufée. On réunira les Habitans d'une ou plufieurs Paroiffes, chaque feu fera
tenu de fournir un homme, & on environnera
le bois pour faire une battue & une recherche
exacte.

Il feroit facile au Gouvernement de purger
en peu de jours la campagne des Vagabonds,
il ne s'agit que de leur donner le délai d'un
mois, par la Déclaration, pour fe retirer dans
le lieu de leur naiffance, ou prendre un emploi,
& d'adreffer à Meffieurs les Intendans des ordres pour enjoindre, après le délai expiré,
aux Maréchauffées & aux Habitans de la Campagne de les arrêter tous en même-tems & de
les amener dans les prifons. Cette premiere
capture en diminuera confidérablement la race,
le Gouvernement peut fe difpenfer de payer
pour cette fois ceux qui les ameneront, ils s'y
porteront de grand cœur, & jamais ordre ne
fera mieux exécuté. Si dans le moment préfent
on craint d'être furchargé d'un trop grand nombre de Galériens, en cas qu'on les arrêtât auffi-
tôt après le délai expiré; il n'y a qu'à le faire
mollement pendant le premier mois, en condamner fur le champ un certain nombre, les
flétrir au front ou à la joue, & répandre les
Sentences dans les campagnes. La terreur fe

répandra parmi eux, ils diſparoîtront comme des oiſeaux qui s'envolent au premier coup du chaſſeur. C'eſt au Gouvernement à décider s'il eſt à propos de les faire arrêter, pour ainſi dire, d'un même coup de filet, ou s'il vaut mieux leur laiſſer le moment de faire des réflexions, & donner à la terreur le tems de les pénétrer.

QUATRIEME PARTIE.

Projet ſur les Mendiants.

Le principal objet de ce Mémoire eſt la re-preſſion des Vagabonds, mal extrême, & qui exige un remede proportionné. Les Mendiants domiciliés ſont beaucoup moins à craindre & plus faciles à contenir. Ainſi le projet que je joins ici eſt bien moins important en lui-même. Peut-être paroîtra-t-il compliqué & ſujet à quelqu'inconvéniens de détail. Mais peu jaloux du ſuccès de mon ouvrage en cette partie, je l'abandonne volontiers à la critique, & je m'applaudirai de l'avoir produit, s'il donne occaſion à quelques Citoyens éclairés de propoſer de meilleures vues. Je prie donc le Lecteur d'enviſager ce projet tout différemment de l'autre. J'ai préſenté le premier comme le ſeul moyen de couper dans ſa racine un mal incurable à tous les remedes qu'on a em-ployés juſqu'ici. Je ne donne le ſecond que comme un plan que je crois pratiquable, mais qu'on peut varier & modifier de pluſieurs ma-nieres.

Il faut diſtinguer les Mendiants valides des invalides. La mendicité doit être interdite à
tout

Peines con-tre les Men-diants vali-des.

tout homme ou femme valide, excepté dans quelques circonftances rares de difette ou de ceffation de travaux de la main-d'œuvre. L'extrême néceffité met alors au-deffus des regles ordinaires. Le cas d'exception doit être laiffé à l'arbitrage du Juge.

La faveur que méritent les domiciliés exige qu'il y ait des degrés dans les peines. La premiere contravention paroît devoir être punie du carcan dans un marché public; la feconde, du fouet & du carcan, tant pour les hommes que pour les femmes; la troifiéme, du banniffement à tems pour les hommes, (cette peine eft très-férieufe pour les domiciliés) & de la réclufion d'un an dans un Hôpital pour les femmes. On tâchera de les occuper comme les femmes Vagabondes, & elles ne feroient point à charge fi on fçavoit les employer. Au refte, le Gouvernement n'ignore pas que les Hôpitaux auroient befoin de fecours : il pourroit facilement leur en accorder, en y réuniffant quelques Bénéfices fimples; c'eft le meilleur emploi qu'on pût en faire & leur deftination naturelle.

Par rapport aux Pauvres qui font hors d'état de fubfifter par leur travail, à caufe de leur âge ou de leurs infirmités, il y a deux partis à prendre; le premier, d'obliger chaque Paroiffe de nourrir les Pauvres, en y comprenant les enfans que les peres & meres feront dans l'impuiffance de nourrir : le fecond, de leur permettre de mendier. *Deux partis à prendre par rapport aux Pauvres hors d'état de fubfifter.*

On peut dire en faveur du premier parti, que c'eft un très-grand avantage de fupprimer tout-à-fait la mendicité, que les Paroiffes ne *1°. Charger les Paroiffes de les nourrir.*

E

Avantages. feront pas plus furchargées en nourriffant leurs Pauvres de cette maniere, que les enfans ne contracteront pas l'habitude de mendier; que les Pauvres, qui font en état de parcourir tous les jours les campagnes pour chercher du pain, ne font pas incapables de toute efpèce de travail, & que ce travail eft abfolument perdu dans l'état actuel.

Inconvéniens. D'un autre côté, on eft obligé de convenir que fi ce projet femble le meilleur dans la fpéculation, il ne l'eft pas dans la pratique, vu les inconvéniens qui réfultent de fon exécution.

En effet, ou les aumônes feront volontaires, ou elles feront forcées. Si elles font volontaires, elles ne produiront pas plus que les quêtes qui fe font dans les Eglifes de campagne, où on ramaffe cinq à fix fols tous les Dimanches. La plûpart des gens ne donnent que lorfqu'on les follicite, la vue d'un miférable excite leur compaffion, la fimple connoiffance de fa mifere les laiffe infenfibles.

Si les aumônes font forcées, ce fera un véritable impôt, & par conféquent un établiffement qui paroîtra doublement onéreux; onéreux par la contrainte, onéreux par la fomme en elle-même quelle qu'elle foit. On ne s'apperçoit pas de ce qu'on donne journellement, une contribution reglée femble tout autrement dure. Tout ce qui s'annonce comme impôt allarme néceffairement, tant par lui-même que par fes fuites: on craint que l'impôt ne fubfifte & ne foit détourné à d'autres ufages.

Si on fuit les Rôles des Tailles pour affeoir cet impôt, combien de Particuliers qui ont bien de la peine à payer leur taille, & qui fe-

ront hors d'état de supporter cette augmentation. Il faudra donc faire un discernement dans
la Paroisse, & ne la faire porter qu'aux plus riches ; dès-lors elle deviendra plus forte, ils
feront tout leur possible pour faire diminuer la
somme, les pauvres ne seront pas suffisamment
secourus, & ils ne pourront mendier. Quelle
sera la personne assez désintéressée & assez
éclairée sur l'état de la Paroisse pour régler la
quotité de la somme à imposer pour une dépense
sujette à varier.

On se flatte que les Pauvres n'étant plus
obligés de parcourir les campagnes, pourront
s'occuper à des travaux sédentaires de main-
d'œuvre, tels que le filage ou le tricot. Mais il
faut leur fournir les matieres, & entrer dans
un détail dont personne ne voudra se charger,
ou même ne sera capable.

La grande difficulté en outre est de faire la
distribution des aumônes, & de proportionner
les secours aux besoins. C'est tout ce que peuvent faire les Dames de charité dans les Villes,
elles en font leur unique occupation, & cette
bonne œuvre est l'effet d'une piété peu com-
mune. Si la distribution est mal faite, comme
elle le seroit nécessairement, les Pauvres seront
sans ressource. Qu'on ne se rassure pas sur ce
que les Curés pourront remplir cet office de
charité, il n'y a guères qu'eux, en effet, qui
puissent le faire dans les campagnes. Mais combien y en aura-t-il qui veuillent entrer dans tous
les détails nécessaires ? Combien y en aura-t-il
qui donneront préférablement à ceux qu'ils
affectionneront davantage, ou qui donneront
sans assez de discernement, ou qui distribueront

E ij

en argent qui se dissipe, au lieu de fournir les vrais besoins en nature ? Seront-ils les maîtres en entier, ne seront-ils sujets à rendre aucun compte, mais comment discuter un pareil compte, comment le rendre ?

Ce projet, que j'ai vu proposer sérieusement, ne présente donc qu'une vaine spéculation impossible à réaliser, & dont l'exécution produiroit des abus plus grands que le mal qu'on veut arrêter.

2°. Tolérer la mendicité en la soumettant à une police.

C'est le seul parti possible.

Plan à cet égard.

Dans les Campagnes.

Il faut nécessairement tolérer la mendicité ; mais en la tolérant on peut la soumettre à une police exacte, tant dans les Campagnes que dans les Villes ; & tel est le but du projet que je propose ici.

Dans les Campagnes les pauvres invalides qui voudront avoir la permission de mendier, se présenteront dans une Assemblée composée du Seigneur, s'il réside dans la Paroisse, du Curé, du Syndic & des six plus gros Taillables de la Paroisse, ils exposeront leur état d'infirmité & de pauvreté, l'impuissance où sont leurs enfans de les soulager, & obtiendront, à la pluralité des voix, un certificat qui contiendra le nom des Paroisses dans lesquelles on estime qu'on peut leur permettre de mendier. On ne pourra excéder le nombre de quatre à cinq Paroisses. Le Juge du lieu, soit Juge Royal, soit Juge de Seigneur, donnera au Porteur de ce certificat une permission en parchemin, de mendier dans telles & telles Paroisses qui seront nommées. Cette permission sera expédiée gratis & sur du parchemin non-marqué ; si quelque Pauvre est hors d'état par infirmité de faire le voyage, le Syndic se chargera de l'obtenir pour lui.

Tout Mendiant portera fur lui fa permiffion & la montrera à tous ceux qui demanderont à la voir.

Chaque Paroiffe dans l'Affemblée dont nous avons parlé, choifira un chiffre ou une marque particuliere que les Mendians feront tenus de porter continuellement ; par ce moyen il fera facile de diftinguer les Mendians de chaque Paroiffe, & chacun au bout de fix mois connoîtra ceux de fon canton, & fera à portée de fe plaindre au Syndic de leur Paroiffe, s'il y a lieu.

Il fera défendu aux Mendians de mendier au-delà du canton qui leur fera prefcrit, & de prendre une autre marque que la leur ; à peine d'être punis pour la premiere contravention du carcan dans un marché public, du fouet & de la flétriffure à l'épaule, pour la feconde du fouet & carcan pour les autres. Ces différentes peines feront prononcées fans appel par le Juge Royal ordinaire s'il n'y a point de Préfidial dans les fix lieues.

Le condamné fera après l'exécution renvoyé dans fa Paroiffe, la note du Jugement fera mife par le Juge fur fa permiffion de mendier.

Le Syndic de chaque Paroiffe aura un Livre paraphé fans frais par le Juge, fur lequel feront infcrits les noms, âges & demeure de tous les Mendians de la Paroiffe. Il en aura un autre où feront infcrits les noms des Mendians des Paroiffes voifines qui auront droit de mendier dans l'étendue de la fienne.

Le Juge lui enverra une note du Jugement prononcé contre un Mendiant, pour par lui l'infcrire en marge de fon nom afin que l'on puiſſe connoître les récidives plus facilement.

A meſure qu'un Mendiant mourra, le Syndic effacera ſon nom, & tous les dix ans on fera un nouveau Regiſtre & on brûlera l'ancien pour ménager les enfans & la famille de ceux qui auront été réduits à la néceſſité de mendier.

Les Mendians ſous les mêmes peines ne pourront porter aucune arme. Au moyen de cet arrangement les habitans de la campagne n'étant plus chargés que d'un petit nombre de pauvres, les nouriront aiſément: Il eſt juſte en conſéquence que les Mendians d'une Paroiſſe ſoient tenus d'aſſiſter & nourrir ceux d'entr'eux qui feront détenus par maladie ; le Syndic & le Curé y veilleront.

Il paroît inutile de prendre aucune précaution contre les enfans que les peres & meres envoyent mendier avant l'âge de douze ans ; paſſé cet âge, ils ne pourront le faire qu'avec permiſſion, & s'ils ſont invalides. C'eſt ſans doute un très-grand mal que de tolérer la mendicité dans ces enfans, mais c'eſt un mal que l'état déplorable de nos campagnes rend néceſſaire. Dans les cantons les plus riches, il y a des peres & meres hors d'état de nourrir leur famille ſans ce ſecours.

Il eſt encore une autre eſpece de Mendians qu'il eſt néceſſaire de réprimer, ce ſont ceux qui ſous prétexte d'avoir été incendiés, parcourent les campagnes & font des quêtes conſidérables, ils vont avec des chevaux ſur leſquels ils chargent le bled qu'ils reçoivent, ils ſe diſent porteurs de permiſſions que les Evêques leur ont accordées. A la faveur de ces permiſſions, ſouvent accordées légérement, &

toûjours trop illimitees., ils fe répandent de
tous côtés & recommencent tous les ans le même voyage; combien n'y en a-t'il pas dont les
permiſſions ſont fauſſes & ſuppoſées? Combien
de vagabonds qui profitent de cette liberté in-
définie pour lever des contributions plus fortes.
Il n'y a d'autre moyen d'arrêter ce déſordre,
que de défendre à toute perſonne, ſous peine
d'être traités comme les Mendians valides, de
quêter ſans une permiſſion du Juge Royal du
lieu où l'incendie eſt arrivé, elle ſera accor-
dée ſur le Certificat du Curé, Syndic & des ſix
plus gros Taillables de la Paroiſſe; elle contiendra le nom des Paroiſſes où il ſera permis de
quêter, qui ne pourront être qu'au nombre de
douze, & ſeront voiſines du lieu où l'accident
eſt arrivé. Ces permiſſions ne ſeront que pour
ſix mois.

Dans les Villes, il eſt encore plus facile de   Dans les
contenir les Mendians que dans les Campagnes.   Villes.
Il ſe trouve des circonſtances dans leſquelles il
ſemble qu'on ne puiſſe ſe diſpenſer de permettre la mendicité dans les Villes à des gens valides, ſçavoir lorſque les travaux des Manu-
factures qui occupent un grand nombre de gens
ſont abſolument ceſſés, ce ſont des occaſions
rares, dans leſquelles le Juge peut accorder
pour un tems des permiſſions de mendier à des
gens valides. Hors de ce cas, la mendicité doit
leur être abſolument interdite, & ne doit être
permiſe qu'aux invalides. Les invalides étrangers doivent être renvoyés chez eux avec un
Paſſeport du Juge, s'ils ſont en état de faire le
voyage; ceux qui demeurent dans la Ville

depuis deux ans, feront regardés comme domiciliés.

Les domiciliés fe préfenteront devant le Juge
de Police dans les Villes où il y en a, & devant
le Juge ordinaire dans les petites Villes ; le
Juge s'informera de leur fituation par le témoignage des Curés & des Dames de Charité, &
en connoiffance de caufe, fera enregiftrer leurs
noms & demeures fur un Regiftre à ce deftiné,
& tenu par ordre alphabétique. Il leur donnera
gratis une permiffion de mendier en parchemin, non timbré. Ils feront punis, comme il
a été dit ci-deffus, s'ils font trouvés mendians
hors de la Ville & Banlieue.

Ils fe repréfenteront tous les ans devant le
Juge qui en fera le dénombrement, & réfor-
mera fon Regiftre en conféquence ; il pourra
retirer les permiffions à ceux qu'il croira n'a-
voir plus befoin de ce fecours.

Il leur prefcrira une marque vifible & dif-
tincte qu'ils porteront continuellement ; il eft
à propos que cette marque foit un numéro
différent qui fera diftribué à chacun, & écrit
fur une Plaque de Fer-blanc, afin que fi un Citoyen a une plainte à faire contre quelqu'un
d'entr'eux, il puiffe lire le numéro & le dé-
noncer.

Avantages particuliers de ce projet. Rien n'eft plus utile que de foumettre les
Mendiants à l'infpection continuelle de la Po-
lice, & de prévenir ainfi prefque tous les inconvéniens qui naiffent de la mendicité : ce
projet a encore l'avantage de faciliter les
moyens de réprimer les Vagabonds, & d'y
concourir directement. En effet, dès que perfonne ne pourra mendier fans être connu de

ceux à qui il demandera l'aumône, avoué de la Paroisse, autorisé par le Juge, distingué par une marque visible; quiconque n'aura pas ces caracteres, sera sur le champ reconnu & arrêté pour être puni suivant sa qualité.

Les Mendiants eux mêmes serviront à maintenir cette police & en feront comme les Inspecteurs, ils sont intéressés à défendre le territoire qui leur est assigné, à empêcher que des étrangers ne viennent partager les aumônes avec eux & leur enlever leur subsistance. Ils se promenent continuellement & sont à portée de voir ce qui se passe. Ils sont par conséquent très-propres à découvrir les Vagabonds, les Mendiants valides, ainsi que les Mendiants des autres Paroisses qui s'écarteroient de leur canton, ils s'en informeront dans les Fermes, ils pourront les arrêter eux-mêmes s'ils les rencontrent, ou avertir le Syndic qui les fera prendre par les Archers. On peut les en charger expressément par leur permission; par ce moyen chaque Paroisse se trouvera gardée par une espece de Guet domestique, qui ne coûtera rien à entretenir.

Dans les Villes le Lieutenant de Police ou le Juge ordinaire pourra choisir un certain nombre de Pauvres, gens de probité & intelligens, dont il fera des Archers des Pauvres, & à qui il donnera une espèce de Bandouliere. Ils recevront & exécuteront ses ordres, arrêteront les Mendiants étrangers, & sur-tout les Vagabonds; ils iront dans tous les endroits où tous ces gens-là logent ordinairement, & donneront au Juge la connoissance la plus détaillée là-dessus; ils feront aussi chargés de maintenir la Police par-

mi les Mendiants autorifés, & les empêcheront
de mendier dans les Eglifes.

Les Archers des pauvres feront payés des
deniers municipaux des Villes ; c'eft un des
emplois les plus utiles qu'on puiffe en faire ; ils
auront chacun 150 livres, leur nombre fera
relatif à l'étendue des Villes.

Les Mendiants, par la permiffion à eux ac-
cordée, feront chargés d'avertir les Archers de
tous les Vagabonds qui entreront dans la Ville,
ainfi que des Mendiants étrangers. Il y en aura
toujours un certain nombre placés à tour de
rôle aux portes des Villes ; ils détacheront un
d'entr'eux pour fuivre ceux qui entreront dans
la Ville, & en avertiront les Archers. Leur intérêt les rendra exacts & attentifs.

Il y a des Villes où les Mendiants font à peu
près la même chofe d'eux-même ; ils fe placent
à tour de rôle aux portes, donnent une piece
de monnoie aux pauvres étrangers qui entrent,
& les font fortir de la Ville par une autre porte.

Il eft jufte que les Mendiants de profeffion
ne participent point aux charités qui fe diftri-
buent dans les Paroiffes ; elles doivent être def-
tinées pour les pauvres familles qui ont peine à
vivre de leur travail.

CONCLUSION.

Quoique le projet que je propofe au fujet
des Mendiants invalides, tienne à la Police des
Vagabonds, en tant qu'elle en facilite & en
affure l'exécution, il en eft cependant indépen-
dant en lui-même : on peut adopter l'un, &
négliger l'autre, ou imaginer par rapport aux

Mendiants simples un plan de Police différent. L'essentiel est de réprimer pour toujours les Vagabonds, & à cet égard le parti que je propose me paroît le seul praticable & efficace, & il a paru tel à plusieurs Magistrats à qui ce Mémoire a été communiqué. Il ne s'agit que de renouveller à peu de chose près la Déclaration du 28 Janvier 1687, en y ajoutant la flétrissure au front ou à la joue, & la peine de mort contre les déserteurs. Heureuse la France si cette Loi salutaire eût toujours été observée depuis. L'Agriculture eût été délivrée d'un fardeau qui l'accable, l'Etat auroit retranché la source des crimes, il n'auroit point la douleur de punir du dernier supplice un si grand nombre de coupables, il eût épargné en grande partie la dépense que lui cause l'instruction des procès criminels, il auroit été enrichi par les travaux de tous ceux que la crainte de la peine eut détouné de ce genre de vie ; & ce qui est inestimable, il auroit profité de la population d'un si grand nombre de Sujets qui a été perdue pour lui. Qui peut dire à combien de milliers elle seroit montée depuis près d'un siécle ?

Les maux passés sont irréparables, mais ils deviennent utiles lorsqu'ils servent d'instruction pour l'avenir. Il appartient à un *Ministere* aussi éclairé que celui sous lequel nous vivons, d'assurer en cette partie le bonheur de notre postérité, & de nous faire jouir dès aujourd'hui des avantages inestimables de la Paix & de la sûreté, en réprimant cette foule d'ennemis domestiques. Le mal est urgent : les Vagabonds n'ont jamais été en si grande quantité, jamais

ils n'ont montré tant d'insolence ni commis
tant d'excès.

F I N.

A P P R O B A T I O N.

J'Ai lû par l'ordre de Monseigneur le Vice-Chan-
celier, un Manuscrit qui a pour titre : *Mémoire sur*
les Vagabonds & Mendiants, & je n'y ai rien trouvé
qui puisse en empêcher l'impression. A Paris, ce 8
Mars 1764. BOUCHAUD.

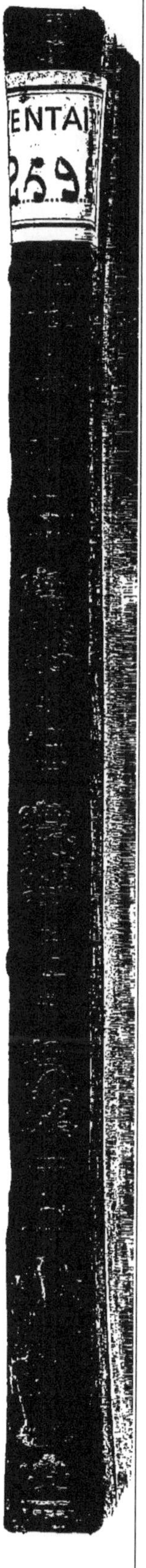
ENTAI
259